U0918807

李鸿章回忆录

[美] 曼尼克斯 著
韩利利 陶林 译

親歷中國

江苏凤凰文艺出版社
JIANGSU PHOENIX LITERATURE AND ART PUBLISHING, LTD

图书在版编目（CIP）数据

李鸿章回忆录 /（美）弗朗西斯·曼尼克思著；韩利利，陶林译. — 南京：江苏凤凰文艺出版社，2018.1
（“亲历中国”系列）
ISBN 978-7-5399-9861-9

Ⅰ. ①李… Ⅱ. ①弗… ②韩… ③陶… Ⅲ. ①李鸿章（1823-1901）－回忆录 Ⅳ. ①K827=52

中国版本图书馆 CIP 数据核字(2016)第 308037 号

书　　名	李鸿章回忆录
著　　者	（美）弗朗西斯·曼尼克思
译　　者	韩利利　陶　林
责任编辑	郝　鹏
出版发行	江苏凤凰文艺出版社
出版社地址	南京市中央路 165 号，邮编：210009
出版社网址	http://www.jswenyi.com
印　　刷	江苏扬中印刷有限公司
开　　本	718×1000 毫米 1/16
印　　张	16. 25
字　　数	270 千字
版　　次	2018 年 1 月第 1 版　2018 年 1 月第 1 次印刷
标准书号	ISBN 978-7-5399-9861-9
定　　价	39.00 元

目 录

译　序

晚清奇局中的李鸿章

陶　林

一部晚清史，或许就可以浓缩为一部李鸿章的个人回忆录。李鸿章出生在晚清时代即将来临之际，他个人的致仕与家族的发家，与晚清时代中国国运的盛衰密不可分。某种程度上可以这么说，知李鸿章，则知晚清。

李鸿章的油画像

对当代中国人来说，晚清其实很近。历史的轮廓与如今相形也并不差很远，关于那段历史的资料，可以说汗牛充栋。有时候，多多益乱，只因为太近，太多的眼皮子底下权变的干扰，反而让人有太多的误解。

李鸿章，是晚清时代之象征人物。凡是见李鸿章其人，或有文字书其貌的，无不说其相貌堂堂，目光有神。就我们所见李鸿章遗留的相片，目光之炯炯，令人印象极其深刻。

的确，在晚清时代的凋亡朝廷中，就眼力而言，李鸿章在昏鸦一片的官场中，的确是出类拔萃的。早年，他认准要靠读书出人头地，没有像很多平庸不堪的“官家衙内”们那样，放松对自己的要求，深得中国传统教育的优点。读书之际，受父亲之命，拜师于曾国藩门下。曾国藩，是晚清时代一个货真价实的儒家君子，殊为严厉，对子弟读书做人的要求很高。曾国藩对李鸿章的影响，要超过他一生中任何一个人。曾国藩的眼量，几乎是整个晚清时代最高的一座峰，李鸿章投于他门下，得以登其峰而望，眼力的提升自然不同凡响。待太平军兴起时，李鸿章果断弃文从军，师法老师曾国藩，操办起淮军，保有绝对实力，也是对时局变迁的远见所系；等到掌握了国政大权，李鸿章清晰地看到自己"居数千年未有之奇局"，便全力操办洋务，努力搞"沟通外交"与"和谐外交"，渐渐有了世界文化潮流的眼力，已然是晚清时代一流中国官员的典型象征，也是晚清朝廷文化的亮点之一。

可惜，纵然目光如此炯然的李鸿章，在不断衰败的晚清时局中，终不免沦于老眼昏花，左右不能力支的境地。甚至都自谦说自己不过是一介"糊裱匠"，仅仅勉强支撑应付罢了。成也有眼，败在无力，这是李鸿章的天命所系，也是他"名满天下，谤满天下"的原因所系。

李鸿章究竟是何许人也？当年，在曾国藩的老湘军大营中，李鸿章是一个喜欢赖床睡觉，怕开早会，眼高手低的幕僚；在恩师曾国藩眼中，李鸿章是个可造之才，但是"拼命喜欢做官"；在同阵营的宿敌左宗棠眼中，李鸿章是个聪明取巧，却成事不足败事有余、无能无力的十足废物，"十个法国将军，抵不上一个李鸿章坏事"；在维新派政敌梁启超的眼中，李鸿章是个自视甚高，但一步雷池不敢越过的老朽；甚至，在顶头上司慈禧眼中，纵然不断夸奖李鸿章有"再造玄黄"之功，但与曾纪泽（曾国藩之子）聊起他时，也忍不住说："（湘军）剩下的臣子，李鸿章这些也是好的，只是因循得多。"

显然，中国的近代历史，一直以来并不十分待见这位前清的"一等忠肃伯"。原因无他，此人位高势众，名大权重，但对中国近代史并未作出何等卓越的贡献。

晚清至今，中国的确居大变而不自觉。可很大部分人不过因为私利所驱，依然活在王朝轮回的宿命感观中。晚清，是一个即使没有外国干预，也逐步走向衰亡的时代。老态龙钟的王朝病，极为严重地困扰着那一整个时代。曾国藩的湘军本意欲“另起炉灶、重开世界”，阻止因文化的衰退导致的“文明的自杀”。由李鸿章继承这笔遗产的时候，他完全不能做到“重开世界”，反而越搞越糟，不堪重任，吐尽气血。

这一点，隔海相望的日本人看得更仔细。有日本学者指出，李鸿章是一员福将，他的眼力带着他跟随曾国藩走一条革新开化的开放道路。他的好运气、好“福气”，在中日甲午战争之前一直伴随着他。李鸿章是旧体制的优等生，出身资源优渥的官僚家庭。早年，他少有挫折，平步青云，是步步受惠于父兄及师长。父亲李文安苦心孤诣，把他托付给身为同榜进士的大儒曾国藩。这一番托付，把李鸿章放到了命运的过山车上，直抵好运气的顶峰。他步步效仿恩师曾国藩，办团练，拉拢、利用外国雇佣军，打太平军，办洋务，像当代诸多“官二代”那样，什么好处都被他不费大力气地占尽了。这位文忠公，聪明异常，是天生做官向上爬、混人情场的高手。同等利益，别人要十分努力取得，他似乎都是得来不费功夫。可以说，“无有曾国藩就无李鸿章”，这是一点不为过的。

中年得志而俯瞰苍穹，李鸿章比同时代人有更好、更开阔的视野。他比许多人更深刻意识到中华的变局，但也比许多人更乐意抱着“宁守旧而死，不开新求活”的态度。所以说，李鸿章并不是历史大变局中的主角，或者用英文单词表达，“HERO”，一时之“英雄”。诚如梁启超先生所谓的，“英雄者，创造时势也。”什么都准备好了，让你去做，不过一介“归命侯”而已。英雄，你要自己造天地的。所以说，对于历史，李鸿章是一个本不该赖得太久的过客，却伴随着晚清始终，硬生生在曾国藩夭折之后，赖成了舞台主角。

面对变局一定要有大眼量、大心胸和新道德，这些，李鸿章都不具备。他只知其变，不知其所以变，变成何。在历史的皱褶中，他是一个很好的战术家，却并非是一个很好的战略家。有生之年，他一直力图把老师曾国藩未竟之事业继续下去，却不得不受旧体制的一再掣肘，而终多事无成。他的所作所为，很大程度上充其量确如他自己所说的，只是一个“糊裱匠”而已，在旧体制中，聊以糊裱一些新花样。

他的这番立意，显然，与他老师曾国藩所开创和展望的“采西气补充东气”的格局相距实在太远。

当然，比喻永远只是比喻，李鸿章也并非真是一个“糊裱匠”。他是一个掌握巨大社会资源的重臣，像中国近现代历史中的大多数人物一样，他能做成旧历史中的“人杰”，具备旧时代成王成侯的一切能耐，也保有充沛生命力和意志力，有一颗走向世俗人眼中“成功”的雄心。但他却无能无德于新的历史时代，无疑是新时代中的“婴儿”、“多余人”。最致命的问题是，他们对之还毫无自觉，总是把自己的局限归罪于运数的不济。

其实，对于晚近中国，文化、文明体制的变异是一件顶重要的事情，却也并非是什么惊世骇俗、前无古人后无来者的宏图伟业。世界近代以来，有两百余个国家地区，从古典到现代的变迁，从欧洲到中东，从非洲到东南亚，从美洲到澳洲，并非中华一家门店。在亚洲诸国，也还有印度、土耳其、日本、朝鲜等诸国的种种成败故事。每个国家和民族，都会有一批仁人志士在做这些事。有些国家干得漂亮，有些国家干得拖泥带水。而像中国这样，文明与体制紧密关联的“老大帝国”转型殊为不易，需从文化入手，经由器物、人心、风俗等等的多重变易，才能有所斩获。英雄要做的，无非是把这种变易放置在一个良性循环的制度轨道里，而不能让它循环于老死——至今，对于中华而言，这件事依然还在路上。

李鸿章步步紧随恩师曾国藩，谨守臣道，拘泥不化。有历史学家称他是“内侍昏君、外御列强”，话是不错的。李鸿章对内要极力讨好的那位昏君，是一个相当刚愎自用的老女人，号称“老佛爷”的慈禧。若论起“昏君”，她是一个非常标准的昏君——不过，在王朝体制中，产生明君是非常不容易的，一人断乾坤，何其之难。慈禧从宫闱的倾轧之中走出来，浑身上下丝毫没有求新的意图，甚至连一点文化与文明的气息都没有，一切不过是随心所欲的权变。在她手上，所谓“传统”也不过权术耳：汉官可杀，满官可杀，维新派可杀、守旧派也可杀，主和派可杀，主战派也可杀……一言概之，因私害公，瞎指挥，胡折腾。一部晚清历史，完全变成了一部她“老人家”随意折腾的历史。

李鸿章对“老佛爷”倒真是忠心耿耿，却不敢像曾国藩那样坦率认定“两宫太后聪明有余、见地平平”，以一种居高临下之心态待之。比起曾国藩那样纯粹的书生，李鸿章是个复杂的封建官僚，他把自己的荣衰和大清王朝的末途紧紧捆绑在一起。他可以很好地中学为体，西学为用，但更擅长于坐享旧日之利，而百折不肯图变。这就是任何一个维新派无论如何也说不动他的原因所系。

在《红楼梦》这部预言中国末世文明境况的天才之作中，李鸿章的形象早已被曹雪芹先生深刻地勾画出来——就是那位“端方四正”的贾政老爷。梁启超说李鸿章“待人颇有傲气”，倒很像是总端着个架子的贾政。他终日里要周旋的，不过是要在牌桌、酒席上享清福的贾母——毫无疑问，也像极了那个翻手为云覆手为雨的慈禧太后。如贾政一样，李鸿章心力憔悴，自认为还算正直与努力，但已经难以挽大厦之将倾。

所以，李鸿章与其说是一个历史的悲剧人物，倒不如说是一个十足的喜剧人物。他有好心，有眼力，有一定的手腕，但是没有新时代所召唤的大学问、大见识、大心胸与大能耐，诚如史家所评的“志大才疏，亡国之丞，何堪称能，先拒疆防，又断海防”。现在，有不少人喜欢给李鸿章做翻案文章，我觉得是不足取的。与他生前所承受的殊荣、福气和权势相比，功德皆空的李鸿章，死后倘给若干差评，并不为过。

韩利利女士和我所翻译的这一部《李鸿章回忆录》，经过仔细研究，已然被认定是一本伪托之作，一部可以归类为“小说”的作品。虽说李鸿章学曾国藩甚多，但他并没有像老师那样做好“日课”，也没有记录日记的习惯。他好功业，好做官，好发财，贪恋权势，但疏于自修，受不来一个严谨书生那样太多的约束，所以并无资料显示，他有记日记的习惯。因此，美国记者曼尼克斯号称从翻译成英文的李鸿章日记、资料里整理出来的这部回忆录，显然有点天方夜谭的意味。但尽管如此，依然可以通过这部书，清晰可见美国人对于李鸿章的亲和感和好评。这种友善态度，其实时而至今，还是美国人对中国人情感的主流。

一派纯然天真的美国人，是难以猜度中国文化，或者中国官场中的那些老江湖的。他们即便英姿勃发，也骨子里老气横秋，人情世故文章做得太深，便人生如戏，也入戏太深。看这部书稿时，我更相信作者是在塑造一位理想中的英雄，一位类似后世的马歇尔或者艾森豪威尔那样的英勇、爱国的美国将军，而非一个中国满清朝廷的权臣。

不过，这并不影响我们通过他来了解李鸿章。正如柏拉图在书中所虚构的那个苏格拉底，同样能给我们无尽的启示一样。在书中，我们同样可以看到李鸿章生活的轮廓，看到大洋彼岸另外一群人对他的赞许与肯定。我想，或许李鸿章本人比任何人都喜欢这部恣意虚构的回忆录，并喜欢那里头所写的那个李鸿章，相信那真的就是他自己。

能和我的妻子韩利利女士共同翻译这部奇书，是一件愉快的事。作为一名资深的英语教育工作者，她对英文原著的严谨把握，保证了翻译的“信”与“达”，也带出了我这个学生。当我们一起修订好书稿时，满怀欣喜地期望着为世界送上一份崭新的礼物。

且向冥冥中的传主与作者致敬，只因为文化的传承，我们之间传递着微妙的因缘。更要向读者们致敬，你们的阅读，慰藉着我们一年来的辛劳；你们目光锐利的批评与指正，促进着我们的成长与丰富。

原编者前言

关于本书——《李鸿章回忆录》

与其说《李鸿章回忆录》这部书是笔者在自抒己见，不如说他是在替李鸿章为自己辩护。当然，传主李鸿章本人也很乐于为改善他的国家和民族而进言。值得提醒读者们注意的是，这份译稿的很多内容，是首度公之于众。

李鸿章不是一个心思仔细的人。当他北上天津时，大量手稿被遗留在了汉口。当他从直隶总督任上调离时，他又将二十四年来所写的大量手稿遗留在了天津。直至李鸿章去世后，他那位在两广地区做官的侄子，才从汉口、广州、上海、南京、苏州、北京、天津等地，将他的手稿陆陆续续收集在一起，并存放于李鸿章在广州的故居里。

大约是在两年前，即 1911 年左右，经大清国政府准许，并征得李鸿章遗产托管者和继承人的同意，我们才得以着手研究李鸿章的资料和笔记，并委托曾在李鸿章身边做过英文秘书的罗伯斯上校将它翻译出来。协助他完成此项工作的，还有一位曾追随过李鸿章的幕僚——王秀才，还有广州城的一位老员外。

李鸿章的日记有洋洋洒洒一百六十多万字，他所做的笔记也是浩如烟海。然而我们只摘选了部分内容译成英文，同时这些日记也是首次与英美读者见面。

读者也许会注意到，我们有时会在单独的大主题下，设置出不同的小标题。事实上，原稿中的主题纷繁芜杂，而且喜欢做微言大义。在某个特定的历史时期,仅仅一行字就概括了一群人,陈述了很多事。而此后,当李鸿章在另一个地区担任不同职务时,他又会把这个主题重新提起,这时他会就此写上三页、五页或者二十页。再后来,时过境迁,他又会从一个全新的角度,来解读同一个主题。

因此,将李鸿章的全部手稿结集出版显然是不可能的。而最好的方式,是对他的日记和其他手稿加以筛选,并冠以恰当的标题,同时将内容按时间先后顺序排列。

还有一个需要说明的是,翻译们在将李鸿章的优美文字转换成英文的过程中几乎未遇到太多困难。然而,译者们在确定日期这个问题上,却变得手足无措。在早至他在天津担任直隶总督时,李鸿章一直采用的是一种中国特有的甲子周期和帝王年号纪年法,并在手稿上做了大量标记。就连参与这项工作的中国学者,也往往困惑不解。最终,他们一致同意删掉很多日期,并一致认为,如果想把写作每个条目的确切日期弄清楚,即便交给研究中国历史的资深专家,也需要一年的时间才可能完成。

1870年以后,尽管李鸿章大体上采用了现代的书写方法,但是为某些条目和手稿标注日期时,他还是会走极端,比如他这样写道:

"光绪某年,农历五月十三日,未时。可恶的一年。"

——他会用这种方式记录不太重要的想法,但是完全忘了标注准确的时间和地点。这些历史资料,可能会激起全世界的兴趣。但凡出现类似情况时,我们尽力都会把日期补上去。这样做的目的,是为了把这件事与李鸿章一生的某个阶段适当地联系在一起,而并不是刻意去提高或降低《李鸿章回忆录》的政治、历史或文学价值。

或许有人会说,这本书单薄的容量,无法囊括李鸿章所写的,涉及不同主题的全部或者大部分内容。但是,编著者如此选择的目的,志在于收录那些他认为最有广泛和持久意义的文字。

威廉·弗朗西斯·曼尼克思

1912年12月1日,上海

原　序

《李鸿章回忆录》的意义

——美国国务卿眼中的李鸿章

(美)科士达①

李鸿章是近代中国历史上非常了不起的人物,他集众多优秀品质于一身,这在十九世纪末的全世界范围内也是绝无仅有的。他是一位优秀的文学家,写过不少颇具影响的诗词作品;作为军人,他参与过许多次重要的战役,为他的国家作出了宝贵的贡献;作为政治家,他在地球上这个历史最悠久、人口最多的国家连续三十年身居高位;作为外交家,他成绩斐然,有资格跻身于有史以来最好的国际关系专家之列。

在过去的一百年间,世界各国诞生了许多学者、若干的将军、若干能力出众功成名就的政治家,以及为数不多的一流外交家。但是,我们挑不出任何一个人,可以像李鸿章这样,在如此多的领域卓有建树,并拥有极高的造诣。

正因为这样,我们为能整理出这样一本回忆录而感到高兴。它是从李鸿章篇章繁多的日记中精选出来的。这是一份有价值的文献,我

---

① 译者注:科士达,曾任美国哈里逊总统时的国务卿,美国南北战争时期,是北军的一位功勋卓著的将领,曾担任美国驻墨西哥、西班牙和俄罗斯的公使。作为一名资深外交官,科士达与李鸿章有深厚的友谊。在中日签订《马关条约》期间,他作为李鸿章的外交顾问,一直在清廷和日本两国之间进行斡旋。

们可以通过它更好地了解李鸿章的性格和事业。

想要公允地评价一个人，必须考虑他所处的时代和环境。因此，依据欧洲或西方国家的标准来判断李鸿章的个性和成就未免有失偏颇。李鸿章接受的主要是中国儒家的教育，自小耳濡目染“四书五经”。在很长一段时间里，李鸿章的生活范围完全限于中国国内，他只能通过鱼龙混杂的通商口岸去了解西方文明。

作为一名政治家，李鸿章不得不面对极端顽固保守的政治环境，并与那些对外国心存偏见或一无所知的同僚共事。他生长在乡下，出身于一个较为富足的家庭，门第算不上高贵。李鸿章的父亲属于乡绅阶层，苦读多年后，考取进士，官位也并不显赫。他未能给自己的儿子提供飞黄腾达的条件，只能让李鸿章寄希望于科举功名。李鸿章科场一路顺利，最终从两万名考生中脱颖而出，中进士，点翰林，风光无限。

因此，李鸿章完全有理由为自己的成绩感到骄傲，并以智者的身份立足于社会。他被同僚们公认为一流的大学士。他写的一些散文和诗歌，在大清国广为流传并颇受好评。李鸿章非常注重自己的文学造诣，即使到了晚年，在处理繁忙的政务之外，他最大的抱负，仍是想获得中国“桂冠诗人”（诗坛领袖）的美誉。

早年，李鸿章一心只想从事文学。但是公务缠身注定让他的期望落空，并将他的生活引入一个截然不同的轨道。在李鸿章博取功名后，太平天国运动已经兴起到全国的地步。这次农民起义，在他上学堂时就开始的。几年以来，不但没有得到遏制，动荡的形势反而愈发严峻，甚至引起百姓的恐慌，冲击了清廷固有的秩序。

就在李鸿章从京城回家之时，他与太平军擦身而过。他们已经攻取了南京，正斗志昂扬地向京城进发。当李鸿章发觉危险将要向授予他崇高荣誉的朝廷心脏逼近时，他的忠义之情被激发了出来。他立即响应圣旨，着手筹办团练招募乡兵，攻打并侵扰太平军的后方。他在日记中是这样写道的：“所有人都知道‘好铁不打钉，好汉不当兵’，用老祖宗的话来说，我是为了一个最低下的差事放弃了似锦前程……可这是写诗的时候吗？这片土地里满眼都是水深火热、战乱纷纭，谁会在乎写诗呢？”

接下来的四年里，李鸿章积极参战，并初步显露出杰出的军事才能。他所率领的军队，不断给太平军以致命的打击。这一时期，筹建了“常胜军”的美国人华尔，与他并肩作战。华尔在战场牺牲后，戈登将军继任为这支军队的管带。李鸿章在日记中高度赞扬了后者，他不仅非常赏识戈登的才能和战绩，而且对戈登个人的长处和缺点也了如指掌。

由于时局动荡战乱频频，那些年，李鸿章一心报效朝廷，一直专心在南方指挥军队作战。后来，天津发生涉外纠纷，法国威胁要与大清国交战。于是，朝廷才把他派到天津应对危机。凭借其超群的军事才华、出色的管理才能，以及对朝廷的一片忠心，李鸿章不仅名闻天下，而且被赐予史无前例的至高荣誉——清政府不仅任命李鸿章为直隶总督，还指定他为太子太傅、内阁大学士、北洋通商事务大臣，并加授一等肃毅伯。这些高级头衔，使李鸿章一跃成为清政府的头等要员，并持续三十年，直至他死亡。

李鸿章大半生在天津履职尽责，有二十四年。其间，他时不时地去北京公干。因为身居高位，且工作的地方是靠近京城的港口，在为与世隔绝的皇帝站岗放哨的同时，李鸿章也有机会接触到和各国政府有联系的各色人物。作为清政府外交部门的实际领导者，李鸿章通过实际行动，证明自己是可以与训练有素、精明透顶的欧洲外交官相媲美的。事实上，竭力维护国家利益的李鸿章总是能在谈判过程中赢得外国公使的信任和尊重。

与李鸿章同属一个时代的人，可能没有一个能像他那样，从外交的对手那里获得如此高的评价。在与英国人的一次激烈辩论中，他既实现了大清政府的要求，又表现得相当坦率公正。威妥玛爵士曾经说过，只是由于认可李鸿章在交涉问题时所表现的率真，他才做出了重要的让步。在调停 1885 年中法冲突时，法国公使在和约中加入了这样一条：“法国声明放弃索要赔款，为的是向李鸿章阁下充满爱国主义情怀的智慧致敬。”

1895年,日本政府拒绝了大清政府首批议和专员。日本首相伊藤博文告知清朝政府,如果任命李鸿章为全权大臣,他们将以最高的规格接待他。日方对李鸿章的品格和能力给予了高度评价。接下来发生的事,更加证实了这一点:在准备尼古拉二世加冕典礼期间,俄国沙皇亲自电告清朝皇帝,请满清朝廷委派李鸿章为特使前来朝贺。有人便谴责李鸿章受俄国的影响过深,有人甚至断言他收受了俄国人的贿赂,因此才会如此受其重视。而这本回忆录的出版将让诸如此类的流言蜚语不攻自破,因为它清晰地表明:李鸿章正确地识破了俄国政府的阴谋,并清楚地掌控着局面,表现出全面而伟大的爱国情怀。

在一个追名逐利、把做官当成进身台阶的氛围中,一个大部分人都喜欢用公共的职位来获取权力、装饰门面的国家里,一个身居高位的人,有几个敌人也是很正常的。读了李鸿章的日记,我们就能知道,他对手众多,一些人甚至与他势不两立。然而,大部分人,还是把他看作是最有能力的高官,并且非常地尊重他。这一点,在他庆祝七十大寿时可见一斑。当时,皇帝赐给他丰厚的贺礼,并亲笔题写了赞词。皇太后和亲王们也争着给李鸿章送礼。大小官员和在中国定居的外国人慷慨地奉上礼物;按照老规矩,寿日那天,他大摆寿筵,贺寿的队伍浩浩荡荡。祝寿活动的高潮,是大清国的高官们在张之洞写的寿序上签名。

张之洞的尊贵地位和影响力,在清朝仅次于李鸿章。虽然,两人也常有政见相悖,但张依然很尊重李。作为中国颂词的范本,现摘录张之洞寿序中的一段,大意如下:

> “您的一切令人钦佩:深邃的著作、惊人的战略、敏锐的洞察力,禀赋卓越,不可动摇……在翰林院时,站在您身边,我感觉自己如此渺小。在处理两湖重大事务时,我与您相比较,深感能力有限。我们全心地信任您,我真心地向您学习。与您相比,我是普通农夫之于最好的神箭手,拙劣的璞玉之如斧钺。您是国家之栋梁,

民众之期望，如柱石擎天，如周公吐哺，天下归心，君王所赖，如姜尚子牙，万众敬仰！”

尽管在政治生涯中，李鸿章总是想扮演一个严肃无情的角色，好像那尘世间的生活，他漠不关心。但是，在日记的很多地方，却流露出他的心慈手软、富有同情心的本性。他对母亲的挚爱令人感动、李鸿章母亲生活在一个偏远的省份，身患重病，即将离世。那时，李鸿章正在天津忙于教务。他便向摄政的皇太后请假，希望回到母亲的病榻边，他说：“十三年前，我和母亲道别之后，一直未曾谋面；现在，母亲已八十三岁高龄了。她老人家身体不好，因时常想念不在身边的儿子，病情日益加重。闻听此事，我心急如焚，夜不能寐，食不甘味，恳请恩准回家探母。”

最终，朝廷只给李鸿放一个月的探亲假。但他在出发前，就接到了母亲病故的消息。于是，李鸿章请求在家丁优三年，但是慈禧太后说，国务繁忙，只能允许他回家一百天。由于没有见上母亲的最后一面，李鸿章悲痛不已。他写了一份很长的奏折，奏折的大意是这样说的：

“懊悔之情将萦绕我终生，于私，心中的伤口隐隐作痛，一刻都不能得以缓解；于公，这种悲伤令我无法再为国家效力……尽管天人两隔，无颜与母亲再相见，然而我会用三年的时间在母亲的坟前长跪哀悼。即便如此，也不能让我的灵魂从无法尽孝的心酸和无以言表的悔恨中解脱出来……”

多年后，即便李鸿章专心忙于公务，在母亲逝世十四周年忌日那天，李鸿章还是把自己锁在家里，谢绝了所有的访客。他写道：“一辈子经历了那么多事，烦恼哀伤也好，欢乐荣耀也罢，无论遇到什么，我都不会忘记已经离去的母亲，不会忘记她一直以来对我的教诲。”

此外，李鸿章与皇太后慈禧之间非同寻常的通信，展示了中国人最显著的特征——孝敬父母。这种特征已经被神化为宗教性质的崇拜，同时也对人际的关系产生了巨大的影响，在中国人看来，皇帝就是这个巨大国家的家长，如果基督教国家的人，也能像中国人实践儒家的核心学说那样，忠实地遵守《摩西十诫》第五条的规定（译者注：《圣经》上，摩西十诫第五条内容是，“当孝敬父母，使你的日子在耶和华——你的上帝所赐你的土地上得以长久。”），那么西方的社会秩序将会极大地改良。

在战争期间，我们在李鸿章身上看到了更多的人性光辉。这位威严的将领站在行将就木的美国将军华尔的身边，当看到一个远离亲人和朋友的外国战士就要为清朝死去之时，泪水滑过他的脸颊。在他担任总督期间，直隶和周边省份遭遇了可怕的饥荒，他的同情心也在这时显现出来。为了阻止灾难肆虐，他积极参与救灾，并发挥了极大的作用，他的努力、经济实力和慷慨救济灾民的方式显露无遗。他除了向普通百姓和慈善组织捐款，日记中还表明，他每天会向一两千饥饿的灾民提供吃喝，并自掏腰包，解决附近村庄差不多五千人的伙食问题。“母亲每天都在鼓励我这么做。她说，佛祖和穷人不会忘记我曾经布施救济过穷苦人。”

这本回忆录中最有价值的部分，莫过于有关外国人和基督教传教士的内容，它展现了李鸿章的思想成长随着阅历日渐丰富，李鸿章的世界观也发生了根本的转变。在早期，即太平天国运动爆发期间，他在上海和外国人只有过短暂接触，所以李鸿章对他们的了解是非常有限的。那时李鸿章对这群人心怀偏见，他曾在日记中这样写道："我恨所有的洋人。"

然而，十五年后，他对这个国家所罹患的重病有了更深入的了解。就在他即将赴天津以终止仇洋暴乱时，他这样写道："不过，尽管我们都很厌恶此事，但是如果心里是为了中国的最大利益着想，就不要再反对洋人进来。因为无论如何，他们注定会来，无论是骑着马扛着刺刀，还是坐在军舰的大炮上。"同时，他还表达了喜悦之情，因为朝廷委派他去处理天津事件。这时他记录到，他准备给朝廷写一份奏折，坚持外国人有权在中国居住，他还打算把这篇文章印出来，并分发到各个省份。

到天津后，在李鸿章管辖范围内居住的外国人都得到了充分的保护。他并没有对外国人的侵犯和傲慢视而不见，同时他也意识到外国人对中国有用，他们有资格得到保护。义和团运动刚刚爆发时，李鸿章人在广州，他说，南方的总督们接到命令，准备遣返所有洋人。他称这道命令为"卑鄙的命令"，他写道："起草这份文件的人怎么能愚蠢到把这么无耻的东西交给我！"当我们回顾中国和某些西方国家打交道的历史时，总体来说，中国对外国人的依附本来不是很强，但后来意识到需要外国的帮助，于是恳求他们这么做，并对此表示适当的欢迎，其实这也没什么好奇怪的。

至于对基督教和传教士的看法，李鸿章也经历了类似的思想转变过程。即便长大成人之后，他还是对传教士和他们所从事的工作一无所知，并满怀憎恨。当时的中国人称外国人为"洋鬼子"，并一贯藐视他们的教义。但是随着李鸿章对传教士的工作有了更加深入的了解，他开始修正自己的看法。到任天津后不久，他与当时手握实权的政治家曾国藩会面，他说："和我一样，在过去的五六年间，恩师的想法也发生了巨大的转变，他不再恨基督徒了。十五年后，他甚至将耶稣和孔子放在同一个高度上看待，他认定，如果身处英国或者美国，他也会自称基督徒。他把基督教义视为哲学或者道德规范，却没能理解基督的使命和教义的宗教性质。不过他不再对基督教怀有成见。他说，几百万中国人如果不想费心去追随孔子，也可以在了解耶稣上得到什么。”尽管如此，基督教国家之间的矛盾还是引起了他的注意。李鸿章写到，欧洲各国之间打得不可开交，他们仇恨彼此。

“法国人恨德国人，俄国人杀犹太人，但是来到中国后，他们都变成了基督徒。”他还指出，英国强行向中国人贩卖鸦片，是阻碍基督教发展的因素之一，他在日记的结尾部分发表了这番评论：“当人们明白是一个大国、尤其是一个自诩为善的基督教国家，将中国摧残到如此地步时，人们会做何感想呢？”

七十五岁那年，李鸿章第一次出国旅行。这是他一生中值得纪念的事。他要去参加俄国沙皇尼古拉二世举行的加冕典礼。这次典礼有史以来第一次将许多国家的代表聚集在圣彼得堡，共商国事。在八月的那次聚会上，最引人注目的就是清朝皇帝——“中国天子”所派来的贺礼代表李鸿章。从任职时间、职位特色和重要性，以及他所带领的人数，从他的学识造旨、与众不同的相貌以及威严的个性上来看，这位中国代表，是沙皇加冕典礼上最显眼的一个人。

除了位高权重，李鸿章担任头等大臣、代表皇帝出使外国的原因是，他有纯粹的汉人血统，能够代表中国。尽管已经七十五岁了，李鸿章依然精力充沛，健康状况良好，面部轮廓鲜明，身材挺拔健硕，眼睛乌黑深邃，神采奕奕。这一形象，表明他性格坚韧，足以吸引任何外国人的目光。当身穿纯色的丝质长袍，头戴三眼花翎的李鸿章出现时，外国人不可能不注意他。

李鸿章从海路，取道苏伊士运河前往俄国。在参加完加冕典礼之后，继续在欧美国家展开环球之旅。这期间，他会晤了各国的元首和政要。每到一处，均受到本国官民的热烈欢迎。在诸国，他检阅了海军和陆军，并在西方见识了不可思议的工业文明和社会进步。回国后，他越发意识到要借鉴西方发展的经验，让自己的国家也同样地繁荣富强起来。如果他在从政早期就掌握这些知识，这个八面威风的人物，将为他的国家作出更宝贵的贡献。然而，当时，他对中国疆域之外的大千世界其实原本是一无所知。在这种情况下仍如此出色，实在更值得夸赞。

李鸿章的日记还让我们对他和皇室，特别是他和皇太后两人的关系有了新的认识。慈禧太后，这位女士统治了大清国半个世纪。李鸿章，一生中曾有四次被褫去黄马褂，拔去顶戴花翎，剥夺全部的荣誉，并在他的同僚面前遭受这个性情暴躁的女人的羞辱。然而，他依然对朝廷忠心耿耿。他确信，慈禧太后知道他的价值所在，并会再次授予他荣誉和高官。他写道："只要有麻烦，我总是那个随叫随到的郎中，然而，我非但没有领到酬金，反而因此受罚。"

有那么几次，当国家的命运处于危急关头时，尽管可能会惹她不悦，李鸿章还是毫不犹豫地要进谏皇太后。当主战派占了上风，大清国准备向日本宣战时，他极力劝谏她不要走这一步。他写道："太后勃然大怒，她近来没发过这么大的脾气。"她下令拔去他的三眼花翎，并把他从宫里撵了出去。

义和团运动即将爆发时，李鸿章正处于休隐状态，身上没有了一切官职。可了解到皇太后已经受到动乱的影响时，他写道："今晚我要动身去北京，我决意面见太后，把当前的局势明明白白地呈现在她眼前。"这次进谏的时间很长，结果太后"怒不可遏，大声呵斥"，并把李鸿章赶出宫去，希望他再也不要出现在她面前。显然，她已经对义和团做出了某种决定，无力避免眼下的灾祸。

尽管回忆录中所描述的皇太后傲慢、残忍、刚愎自用，皇帝软弱无能，但因事关国家兴衰，李鸿章一直对朝廷心怀一片赤诚。国家发生剧烈动荡，公使馆被围困后，外交和媒体人士建议罢黜现有皇室，找一个新的皇帝取而代之。他当即指出这是无稽之谈，他说服外交使团，并告诉他们，没有一个普通汉族家庭足以尊贵到和平有序地统治这个国家。

八国联军占领北京，并把外交人员和外国难民解救出来之后，中国皇室成员逃出京城。然而，那些被激怒的外国政府命令他们的外交代表惩罚有罪的官员，并对他们遭受的损失索要全额赔偿。尽管李鸿章遭太后斥责后，被赶出宫去，还被外放到遥远的广东做官。但藏在深山里的太后，还是把李鸿章召回北京，希望他能解救正在肢解毁灭的大清王朝。

尽管身患重病，体力每况愈下，李鸿章还是长途跋涉回到京城。回来的路上，他在天津时这样写道："恐怕，目前的任务太重，我的体力无法承受，尽管如此，在叫停可能爆发的战争之前，我还是要做一件事。我要让洋人们再次相信我们，不要推翻大清国。"

李鸿章之所以能阻止战争爆发，还要感谢外国谈判人员对他的崇敬。他在日记中高度赞扬了美国政府，美国人知道后一定会很满意，他认为是美国帮他避免了清朝解体，并摆脱了一些无法负担的条件。

《辛丑条约》的签订，是李鸿章为清王朝做的最后一件事，也是最重要的一件事。几个星期后，他离开了人世，享年七十九岁。他是东方最伟大的政治家、全世界最卓越的勤务员之一。这个结局，对他颠沛流离的一生而言也许是一种安慰和解脱。

第一章　从文的宏图伟志

“我很希望自己有朝一日能够高中朝廷的状元，并且能够成为中国的诗坛领袖[①]。”

这些话写于 1846 年。李鸿章写得极其意味深长。当时，这位勤勉聪慧的青年学子，正在雄心勃勃地准备着一年后将要进行的科举考试，恰如中国历代那些著名的文士一样。在那次科举中，他果然高中，获得了翰林庶吉士。

① 译者注：原文为“桂冠诗人”，是英美对国内顶级优秀诗人的称呼。中国并无此说法，故译为“诗坛领袖”。

李鸿章从同时参考的四千名考生中脱颖而出，名列二甲第三名。尽管西方人士对中国的教育方式有着非常不同的看法，在当时的中国和那个时代，天资卓越的李鸿章依然是那一代同受中式教育的年轻人中最具天分的人之一。

李鸿章的这番抱负说明了他具备崇高的理想。没有人能够否定，正是他的勤奋与努力，很大程度上成就了他的理想，使之成为现实。那些高度关注李鸿章前程并给予其鼓励的人，皆是如此认为。

在其回忆记录中，李鸿章常常不时并无意地、却又匆急地写下自己的深思熟虑，表露满腔的勤勉与苦心。所有这些，都在向人们表明，从求学伊始到终老之日，他最为珍爱的是自己的文学事业，他期望自己成为中国历史上传颂千古的诗人、散文家和历史学家。

“我希望有朝一日我将成为中国的诗坛领袖!”1846 年，他如是写道。“我不过一位如媒体人一般的文士。”五十年后，他对纽约的一位记者亦如是说道。

“1846 年 1 月——今日，我考完了殿试的最后一科，我知道自己排名靠前，将光耀入仕途！我自知那时下笔如有神助，因四书五经皆熟烂于心。”

“我坚信，即便是礼乐诸学之宗——周文王姬昌来做我的考官，我之应策也会让其满意而归。是的，从大周朝开始，礼乐已然不断发展繁盛，不过我同样也能让他大吃一惊。他教育世人，六艺乃是人生必须之重要技能，可他并没有得以详细解说经典，因为那时经典还未如如今这般重要。”

“今之六艺（礼、乐、射、御、书、数）中，那位伟大君王（周文王）把乐放在首位。这点，我尚有欠缺。如今，有身份的人，是不会在大街上奏乐、在集市里唱歌的。射，我也不成。不过，只要我稍加练习就能上手。因为我的家族在 2800 年或者 2900 年前，诞生过一位伟大的祖先，他因射术超群而闻名遐迩。他曾创造出了亚洲的第一张弓。相传，他从不知名的树中取出树心，浸泡在小母猪的眼泪里数周之久，制成了当时世界上最结实、最精准的弓。现在，我完全可以勤加练习并成为射箭高手，但我不想成为一个兵丁。好铁不打钉、好男不当兵，如今的青年士子，依靠打猎、射箭是不可能光宗耀祖的。”

“有关于御。人们如今不常用到马了。况且，也并非只能用马来拉东西。我也不打算骑着骆驼走南闯北。再说，骑骆驼，也算不得是古书所谓的‘御术’。”

“但是我知道，我完全可以用其他的技艺来取悦周文王，这就像我努力让……（这位年轻的学子罗列出了一长串的名单，足有二百七十余人之多）满意一样。我熟读经典，博览群书，擅长书法。我的书法干净雅致，见过它的翰林们皆如是品藻。我还通晓算数，掌握天文地理，熟知社会与宗教的礼仪，诗词歌赋无一不通。若非精通天文地理、民俗人风，何以成为伟大的诗人呢？”

“并不是身为进士就可以写下经典的作品的。一个人在进阶取士，受教于翰林之后，必须对文艺创作抱有极大的热情。而这热情的背后，是不竭的渴望与坚守。如此，他便可以在同辈中脱颖而出，名满天下。”

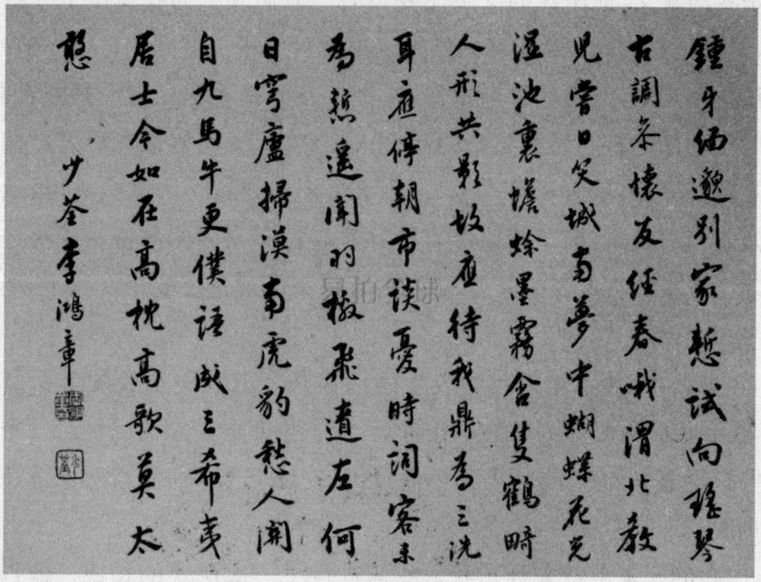

李鸿章的手迹

“我如今具备了这些条件。我现在是二十四岁，我的父亲是四十一岁。我们相差十七岁。在这十七年时间的跨度内，只要我没有在半夜里遇到什么样的不测，或者是碰到坏人恶人的暗算。一旦巡抚或者总督大人能够给我足够的机会，安排一个不错的职位，为了我自己的尊严，为了那些关注我的人们，我会努力提升自我，拼命干到底。人们或许会嘲笑我的失败，同窗们甚至会向我扔石头，老师和朋友们，特别是(又是一连串长长的名单)……也许会认为我的成功是不可能的。但有朝一日，我一定会成为中国的诗坛领袖，名垂千古。”

“1846 年 1 月 27 日——今天我又读完了一部经典之作，《列女传》。这已经是我第九次读它了。我书单上开列的图书不是很多，但每一本我都会认真加以研读利用。每次，我通读一本书，都会在书上注上标志，注明阅读的起止时间。这是一本我从没有打算去背诵的经典，但里面一样有很多优美的段落，记述了一群有趣、可爱而且英烈勇敢的女性。其中花木兰的故事最为吸引人，我正看着她传记的开始章节。”

“1 月 28 日——家人郑重其事地把婚姻大事摆在了我的面前。尤其是我的叔父，他比我的父亲还要热心。他们联手为我安排了一桩婚事，对方是一位同为合肥籍的姑娘。据我目前所了解到的，这位年轻的女孩品德高尚，而且我母亲担保，说她各方面都不错。至于她的容貌，足以打动任何有心思想结婚的年轻人。然而，一句俗话说得好，‘倘若春天花开早，人生之树果实少’。我不是不想要这位大家闺秀，虽然我们两家门当户对，但是我还没有做好建立自己家庭的准备。我决定不去理会我叔叔将要说些什么，更不去管将来能通过娶这个女孩子，能得到多少的财产。”

“当然，我并不知道我的人生能活多久。但我坚信我的寿命会很长，长到使我有足够的机会生儿育女，使一生变成荣耀的回忆。一个男人应该生很多的孩子，用以缅怀他，给他安坟上土——我当然不会违背祖训的。”

“我的好友阿峰来拜访我。我俩进行了一次严肃的长谈。他告诉

李鸿章的夫人和儿女们

我，他那严厉的父亲希望他能娶舅妈的女儿为妻。她尚是一个小女孩子。他也从来没有见过她，更不想见她。可是，他还是要动身去南方完婚了。”

“阿峰是一位很优秀的青年才俊。他勤奋上进，为人热情正直。阿峰坚信自己同样会走上文学的道路。当我们共同立志考取功名的时候，他就开始了自己的写作事业。今天，他给我带来了几大卷的小说，邀请我品藻。可我不愿意伤害他，坦率地告诉他，虽然他的小说读起来很有意思，但语言太过于平淡，犹如市井之人粗言俗语。不仅如此，我还批评了他的书法。他的字写得很平淡、不够文雅。我给他看了我的作品，几幅行书书写的字。我精心装裱，并在左下角盖上了美丽的印章。我想，他在看过我的作品后，他肯定会有点泄气。”

“我一直认为对待任何艺术或者工作，不可以马虎了事。也许我在自己的日记里这样夸耀自己难免显得骄傲自大，但是事实正是如此。成千上万的古人这样记录着自己的生活，毫不犹豫地表达自己的真实想法。我笔写我心是一件好事。但是阿峰对文学太过于随意，并且他学养不够丰厚。这些都让我觉得他想靠笔杆子出人头地是不太可能的。但我没有这样跟他说，因为很多人也曾对我说过这些伤害我很深的话，我实在不想看轻别人的努力，打击别人满腔赤诚的理想。”

“但是，我也希望自己永远别像可怜的兄弟阿峰那样粗枝大叶。如果我像他那般连续三次名落孙山，我会隐居山林或者逐风水而去，不再入世。”

“3 月 19 日，今天我满心欢喜。知府大人给我在府衙里安排了一个实职。我知道，自己从今往后，就踏上了为官从政这条康庄大道。我严厉而高贵的父亲颇感欣慰，我慈爱和蔼的母亲更是高兴得无与伦比。我不知道我的叔叔对之有什么感想。或许，他还不知道这个好消息。不过，他很快就要知道了。父亲正备轿，准备亲自去告诉他，并邀请他一道参加明天盛大的筵席。”

“也许，我该结婚了。媒人说，那位姑娘对我很中意，想和我交结秦晋之好。她的母亲也是这样告诉我的母亲的。”

“当日，稍晚些时候——我兴奋异常，难以入眠。即使我远住在洪街的叔叔，也在父亲见到他之前，得到了好消息。他拎着两只肥鹅和一条鱼往我们家走来。他俩在路上走岔了。父亲沿着果墙，抄了一条捷径走，叔父则沿着洪街直接去了知府衙门。他要给知府大人送一份答谢礼。”

“叔父说因为他和知府大人私交甚笃，所以我才有如此的好运。多年来，叔父和知府都有共同的爱好，那就是收藏古玩。”

“我当然没有反驳叔父，而是跪下来千恩万谢。周围的人都知道，四天前，和蔼、尊敬的王知县来我家做客，对我说了很多的赞美之词。我都听了很多年了——”

“李鸿章，你还记得自己在辉水湖偷走了我的鹅么?”

“我答复他我记得很清楚，尽管那是多年之前的事情了。”

“你还记得你甩石子，差点砸死魏家的千金大小姐?”

“我告诉他，对于那件事，我记得很清楚，也很难过。就像以前所做的那样，我跟他解释说，我当时想和那些地痞无赖打架，根本无意于伤害那个女孩子。”

“王知县继续说，那时我认为你有朝一日一定会被凌迟处死。但看到你因为这些事情受罚而畏缩的样子，我心里感到很高兴。尊父也和我有同样的心情，很开心，因为他早就说过，他在自己的地界里对你毫无办法。”

“但是，目前据我们所知，你近年来表现也很值得称道。你学业上也超过了其他所有的人。现在，你从《春秋》结尾处起的第六十六段，背诵来给我听听。”

“我很高兴他选择了这部典籍。因为我能把《春秋》从头到尾，用朱砂笔默写下来。我就为他背诵那第六十六段。还没有背完，他就抬起手来示意我停下来。然后，他说他考虑了好一阵子，想给我在他的县衙里安排一个职位。但他也知道，我的父亲想让我从知府的衙门里干起（所以他会在知府面前推荐我）。”

“我衷心感谢他，因为他原谅了我曾经的过失。只因他在知府面前说情，扔石头事件并没有使得我的名誉受损。离开之时，我都有点飘飘然，并自命不凡了。我知道，知县大人是一个坦率正直的人，他不说假话，毫无疑问，过不了多久，知府大人就会派人来邀请我。”

“自从我回家以后，家里满府上下都非常欣喜。我自己则兴奋的合不上眼。我担心我满脸的亢奋，看上去像是偷偷吸食了鸦片。但没事，明天就会恢复如初。明天，我将大摆筵席，邀请宾朋。我将给客人们朗诵我所写的诗。我让人捎个口信给阿峰，让他也来赴宴。但是每次他

舍人佐郡出東華馬後圖書
載五車欲上恒山窺高頂自馴白
鹿飯松花
子楨六兄屬 李鴻章

李鸿章手书

出现在我家，我母亲都会斥责他。他可能会觉得除非自己拎着一袋米来，否则不会受到欢迎。但是对于这个穷小子而言，这样又是非常难的。因为他家一个月顶多能吃上两顿肉，其余的时间能有米和蔬菜吃，他们全家就认为很是幸运了。”

这位酷爱文学和做官的年轻人是否著文记录那次盛宴，我们就不得而知了。但是他有位侄子居住在南京，手里保存着不下六百份的李鸿章手稿。其中有一首长诗讲述了某一个类似的场景，告诉了我们将会发生的事情。他把手稿给了我，让我翻译出来。事实上，这首诗的主题和叙述非常确切地和我们谈论的宴席有关。

这首诗过长，不适合在此复述。特别是后面的部分，旁枝斜出地讲述了他对于国家政治的种种看法，以及他对于历朝中国文人的看法，翻译成英文很困难。尽管如此，我还是把这些五律诗的部分重现于此[①]：

AN EARLY REWARD OF GENIUS AND THE JOYOUS FEAST SENT BY THE GOOD GENII TO THE YOUTH OF GREAT EXPECTATIONS

No questionings do mock my mind,
That the good genii of the sky
Will favour those who hold quite true
To all the rightful things.
These words I say because in recent day
Sweet tidings, like water of the stream,
Have flowed into my heart to stay
And make a lake of gladness there.
I sought the honours of the school and literati,

① 译者按：这些诗篇的真实性非常值得怀疑，译者也很难在李鸿章现有的诗篇中查考出确凿对应的篇章。仅能根据诗篇内容，试着翻译成古体诗歌格式，尽可能仿照李鸿章诗歌的风格，仅供有兴趣的读者参考。

I worked at morn, and midday too,
I strove when other students shirked,
Or wasted time at games.
My heart did burst with learning's longing,
Nothing else could give me joy.
I memorised and worked the harder
To realise my fond desire.
The clouds in glory sent their rains
To water seeds of thought in me:
The birds sang ever sweet refrains,
Inspiring me to con sweet words.
Soon I became a Budding Genius,
And then another rank I took.
And then the highest flight I gained:
Thus I reached my heart's desire.
But when the hien-kwan of the district
Sent for me to seek his yamen,
I hastened with my fears excited—
How happily was I mistaken!
O, what blessed words he uttered! —
He who once had caused me pain—
Of how the whole hien rejoiced,
And that an office now was mine.
Then came a time of song and feasting—
Happy feasting in my home.
With father proud, and friends about me,
Eating, drinking—rice and tea.
Glad and merry mandarins feasting!

Joy within my heart was swelling,
For the honour that they showed me,
For my parent's pride in me!

诗酬才俊远大坦途书

吾心向无拘，直如魅长空。
所爱真与义，囊括正气中。
近日多佳音，似水绵无穷。
从文待盛荣，未敢付嬉戏。
托志于经册，矢志坚无虞。
负重行路远，多难则神兴。
云雨播厚霖，活水藏慧根。
天鸟相与鸣，引我慷慨歌。
不日登龙庭，恣意展雄才。
行远路自高，得酬吾所愿。
是时众友至，相聚府衙欢。
得令高堂尊，复使同门荣。
长宴达宵旦，醉中咸品官。
家父乐我成，满心向腾达。

这些诗歌剩下来的部分，已经呈现出很深的思想和内容，译者不容易用英语翻译出来。不过依然可见，作为一名热情澎湃的青年诗人，作者已经成功地达到了他的年龄上所不具备的成熟与深度。

第二章　关于基督教文明的观点

在半个世纪的时间里，李鸿章持续记录着他对不同主题的各种看法。如果将他的文章悉数译出，尽管涉及各不相同的内容，但还是可以按年代顺序关联起来。在这些林林总总的主题里，李鸿章对于基督教的看法无疑是最有趣的一个。

正如在本书的前言中所描述的那样，我从译者手中接到了大量的资料，加以精心挑选，再以不同的章节和标题呈现出来。这个方式是非常适用的，这样一来，读者可以通过各个主题，对他做全面的了解。

然而，有一些宏大的论题，篇目冗长，且分别出现在日记的诸多条目中，或者出现在毫不相关的其他卷宗里。光光单个论题，都可以集结出版。例如，据权威估算，关于慈禧太后和宫廷生活的文字，译成英文后要有五十万字之多。有关外国人、传教士和基督教的论题，也在资料中反复出现。李鸿章要么把所有的外国人当成基督徒，要么把所有的基督徒视为外国人。这位总督似乎从不厌倦地写作这些论题，因此，我们精选的内容只占回忆录众多条目中的一小部分。但是，我们所提出来的内容极为严格谨慎，力图把李鸿章对于外国人和基督教的看法体现清楚。在这个五十年的时间跨度里，他的看法是不断改变并改进的。

1849 年，李鸿章在北京担任翰林院庶吉士的时候，第一次在他的文章中提及了基督教：

“我想，如果我能在我的书或者文章里，把洋鬼子们信奉的诸神真相和虚假的上帝告诉国人。这将是一件多么高尚和光荣的事情。同

中年得志的李鸿章

时，也会让我们冥冥中的圣贤们和列祖列宗倍感欣慰。我可以确凿无误地掌握相关信息，向国人揭露这些骗子令人蒙羞的真面目。至少让南方那些愚昧的底层苦力们明白。他们已经沉沦于这些黑袍人的亵渎言论当中，中蛊太深了。”

“这些洋鬼子到我们中国来，并没有做任何的好事。他们举起双手，高声布道，声称他们是为中国人自身的利益而来。但是我听说，他们每一个人都是为外国那些别有用心的机构所雇佣。他们来到中国，只是为了暗中监视我们的政府。”

“我听说，很多年来，一些黑袍人在我国西部传播他们邪恶的教义，公然挑衅玉皇大帝和众神。这些黑袍人属于洋鬼子的某一个教派。我听说他们分为很多教派，都为同一个被称为‘天父’的神灵而布道。这些教派彼此间相互憎恨。如果真有这样的一位天父，他是不会为自己有这样的徒子徒孙而感到骄傲的。因为他们都是没有文化的野蛮人。”

“他们当中有一部分人的教义说，天父让他的儿子来到人间，为了人类犯下的罪恶而赎罪献身——未料世间竟然有如此荒唐的教义！即使他们的教义听起来如此荒唐，我作为有头脑的人，也禁不住对之认真思辨一番：若说天父之子的到来是为善良的人献身，听来也似乎合乎情理。但如果神是至善的，也希望人们好，难道他会允许自己的家人为了那些罪犯而像一个罪犯那些死去吗？很久以前，一直有人暗示我，大多数的洋鬼子其实是疯子。现在，我开始相信了。奇怪的是他们竟有何种本事，怎能从我们古老的宗教和哲学中带走如此之多的信众？我无法理解，但是我坚信这种宗教狂热很快会消失殆尽。”

1849 年，他又写道：“秦翰林告诉我说，他听说在河南有几个洋鬼子疯狂传道。这些人来自法国，属于天主教派。这些锲而不舍的洋鬼子，到我们国家传教有一百多年的历史了，甚至结成了团伙，成了很大的气候。他们的信众不断发展壮大，不但愚弄我们的人民，还试图愚弄我们的神灵！他们假扮成中国人，同时，又在不停地嘲笑中国人的宗教。”

“这些狂热分子有非常古怪的念头。他们说，越要尊重天父，就越要禁欲，不能娶妻，甚至连一个老婆都不能有。然而，他们又积极劝导人们早婚早育。这是些什么谬论？这些家伙要是死了，没有人去吊唁，没有人为他们守孝，没有人为他们上坟。但我好奇的是，这个教派的人都不结婚，哪里来补充新的传道人？或许，他们指望能从那些愚蠢的皈依者中，挑选出那些不结婚的人来传教。也许，他们是对的，他们能够成功，因为当那些头脑简单的人听信了黑袍人的谰言，他们当然心甘情愿照着他们指示的去做。”

“秦翰林曾写过一篇咨议递交都察院，并上书圣上，肃清这些西方来的黑袍人。但是监察御史回信说，朝廷是不会关注这些外国教派的，以免他们妄自尊大。此外，据说法国是一个非常强大的王国，在亚洲的另外一端，而这些黑袍人其实全是法国政府官员假扮的。据说，他们并不靠百姓的贡奉为生，也没有自己的衙门和舒适的官邸。他们的寺庙，是一个高大方正的建筑物，外形很丑，但建得很牢固。”

在接下来的几年里，李鸿章似乎没有怎么再写关于基督教的内容。可是，在 1854 年，他又写了一篇很长的日记。显然，他还是那么憎恨基督教。当时，他正在中国中部的家乡——合肥操办团练。而刚刚兴起的太平军都自称基督教徒。他们正携带枪炮和刀剑，朝着两湖地区进军[①]。不过，太平军上下根本弄不清楚“基督”这个词的真正含义，也不会去实践哪怕是最为细微的一个小小教义。

“为什么我们的人民不敢起身反抗，把这股邪恶的敌人赶出我们的国家？先前，我根本没有想到，这些可恶的洋鬼子能够控制得了这么多

① 译者注：这里指自 1851 年起，洪秀全在广西桂平发动的“太平天国”起义。

的人。现在看来，在南方，成千上万的愚民甘愿听从洪秀全的驱使。洪秀全大胆地吸取了异域宗教的教义。他们不但在摧毁这个国家，而且把这些邪恶的信仰强加在各地人民的头上。如果传闻属实，还有成千上万的狂热分子，正准备从广东及其周围地区北上。”

“据可靠消息。这些长毛乱贼，在南京砍掉了成千人的头颅，割掉了上万人的耳朵。因为这些人没有及时信奉他们邪恶的信仰。这就是那些拜上帝会成员的恶行。他们竟敢擅自称这个国家为‘天国’。”

“我认为朝廷对这些狂徒的惩罚远不够严厉。当他们投降称悔时，把他们纳入大清帝国的军队是非常错误的。他们是永不会悔改的。这是一群疯狗！他们就像是从广州麻风病传道士们那里跑来的病老鼠那样，窜入中国的中部和北部地区的所有洞穴，传播着可恶的病毒。所有赞同外国教义的人，都以各种方式帮助过这些掠食者。即使他们没有跟他们一起行军，也应该被处死。在这个季节里，要不是我风湿的老毛病又犯了，胳膊用不上力，我真愿意亲自去处死这些歹徒。不过，我为抵抗太平军的爱国仁人志士们筹集财物。当中原的沃土不断被这些掠食者毁灭之后，如何战胜他们，将是越来越艰巨的任务。”

有关于这段光阴，李鸿章用诗歌的形式写道：

It is truly the greatest sacred duty
Of all patriotic sons of the Middle Kingdom,
And all who bow to the mighty Throne, —
The glorious seat of ten thousand years, —
To strike to the black heart
The Long-Haired bandits;
And to let out their vitals upon the earth,
That the swine of our gutters
And the fowls of the barnyards
And the mongrel curs of the alleys

MSy lick up their blood and gnaw their bones.

These fierce Long-Hairs are wild in their heads.
They have crazy notions of Heaven.
They have a new god
And his Elder Brother
Whom they follow to deeds of darkness.
They have forsaken all our sacred gods,
And spat upon the images,
And upon the graves of our ancestors.
They are dogs of low order.
Devils of blackest darkness,
Lepers of the foulest ills,
Serpents with marks of the pox,
Fowl that limp with gangrene!
They are not men at all in human shape,
Nor in their minds—for such are gone;
Nor in their new speech,
For they ape the tones of the foreign masters
And talk loud, like barking dogs at night.
Let them be given no quarter!
It is a great work and blessing
To pluck out their lying tongues,
To burn deep the sockets of their eyes,
To rip open their vile bellies,
To rub salt into many cuts,
To trim close their ears,
To draw forth the nails,

To bury deep whilst yet alive.
To use the pole upon their skulls.
Oh! all patriotic sons of the Middle Kingdom,
Drive these rank fiends
Into the salty sea.
Or make their rotting bones
Manure the land

时艰知巨责,蛮夷引祸多。
家邦虽荣光,基业耀万年。
奈何长毛乱,禽兽乱纲常。
喋血害人伦,犬食陌中骨。
野匪蓬长发,尊天迷邪帝。
天兄作鬼魅,晦暗恒无际。
背弃圣人教,惨绝掘祖坟。
如恶犬横行,魍魉传鬼声。
虫豸布瘟疫,蛇蝎染腐疽。
不复有人形,良知俱成灰。
高亢随夷狄,吠吠不可止。
毒舌播谬种,癫狂乱中华。
余愿兴义兵,斩尽此罗刹。
剥舌坠九重,尸骨扬于野。
只手造玄黄,孝义定中原。
兴起沧海水,涤尽腐与恶。

1865年,在清军收复南京和太平军全线崩溃两年后,李鸿章在苏州城里如是写道:

“一个人面对一个问题,应该持续地严肃思考,深思熟虑,最后做出决定。我探寻太平天国本质时，这一个观点尤为显著。在那个漫长而艰苦岁月的大部分时间里，我一直坚信沿海地区的洋人，特别是上海、香港和广州的洋人，对此次长毛叛乱应负有重大的责任。但是我现在不得不得出这样的结论：我当时的想法和观点是非常错误的。”

“我是通过许多方式得出这一结论的。特别是收复南京后，我还记得‘常胜军’参将戈登将军不止一次试图向我解释基督教的教义。但是，我没有任何耐心去倾听。我对基督教这个名词充满了憎恨。因为，我听到太多让我憎恨它的口舌。”

“戈登当时想让我明白，世界上没有一个基督教国家同情长毛军的作为。为了证实自己的所说的话，他提供了部分的证据。他坦陈，自己的国家是世界上最主要的基督教国家，却在第一时间内给予大清国政府充分的援助，帮助我们一起镇压叛乱。我清楚地记得戈登的原话——当然是被翻译过来的，因为戈登的中文讲得很不流利。但是事有凑巧，当时，程学启[1]将军正向我控告戈登，说他和太平军的五王有联系。有很长一段时间，我都不知道是否该信任他。因为这种情况，我就越来越怀疑他所说的话是否属实。我相信这只是一个基督徒在努力帮助另一批基督徒。后来，我知道自己是完全错了，这么看，对于如此优秀且忠诚的戈登将军是多么地不公平啊！”

“但自从我当上总督以后，和平盛世给予我多年来无法享受的很多东西。我开始趁机仔细研究洪秀全的领兵之道和所谓的‘天启’之道[2]。结果我发现，就像我本人和鞑靼人毫不相干一样，太平军的领导者们与基督教徒相差甚远。洪秀全与他的追随者根本不知道西方真正的教徒们是如何在和平状态之中生活的，如何在战场上战斗的，甚至我还见过最初给洪秀全传福音的洋鬼子教士的弟弟。他告诉我，他的教士兄长

---

① 译者注：程学启，1830—1864，清末淮军将领。安徽桐城人，字方忠。初为太平军将领，后投降曾国藩的湘军。曾国藩安排程学启转入李鸿章淮军。他作战骁勇，为李鸿章屡建奇功。后战死，谥忠烈，予骑都尉兼云骑尉世职，又加恩予三等轻车都尉世职，并为三等男爵。

② 译者注：据史记载，洪秀全常自称受天父下凡附身，传达天谕，以之控制太平军上下。

李鸿章官服照

并没有鼓励洪秀全和其他追随者研究基督教的典籍。”

“然而，长毛贼的猖狂给我们留下了极为深刻的印象。他们的邪教四处宣扬，鼓动了四个省份几十万的信徒。每次行军打仗掠夺时，他们都会念着洋鬼子神的名字，希望上帝保佑他们打胜仗，并招募到更多的新兵。在初期，他们很成功。无数人相信洪秀全是上天派来的救世主。连我都误以为真，相信他们如自己宣称的那样，是一群真正的基督教徒，所谓的天父和天兄(即上帝和耶稣基督)在给予他们无限的帮助和鼓励。不过，让我相信神灵遗弃了中原之地，不再保护朝廷，是非常困难的。但是，随着叛军的节节胜利，我先前坚定的信念一点点地发生了动摇。甚至，暗自责备我们杰出的先祖们，疑惑他们是否还在保佑膜拜他们的人。于是，日复一日，我更加憎恨这个外国宗教。特别是长毛贼横扫环宇，并得以集结出更加庞大的军队时，我这种憎恨之情尤为强烈，觉得基督教比世界上任何其他灾祸都可恶。我们向上天祈祷，希望太平军能全部被剿灭，还希望那些基督教国家统统都被地震、山崩和可怕的瘟疫给毁灭，最好无一人能得以幸存。”

“但是通过研究学习，我学到很多东西。首先，我得出这样一个认识，在没有长期勤勉研究之前，不要轻易对任何事情急于定论。遗忘其实是一件好事情。当一个人对某个问题寻求一个公正明确的见解时，你应该当以前什么都不知道那般，仔细地去审视它。当脑海中同时出现事实与理论时，你最好首先抓住事实，而不是理论，因为理论如日月的变化那样，随着情况而变化。你要像法官审视犯人那样，找出事物的真相和实质，而不受多余芜杂的事物干扰。”

“自从担任高职以来，我和洋人接触的机会要比生平任何时候都多。事实上，我已经不能确定，他们比我们的同胞更会用阴谋诡计来捉弄我。但是，洋人的骄横确实盖过了他们的诚实。据我了解，大多数的欧洲国家臣民在亚洲人面前会表现出优越感。因此，在他们自己出生地没有半点犹豫会奉行的礼节，在自己国家之外的地方，他们会疏于去做。”

“我不能从他们的行为中看出任何的道德来，相反，他们只是试图给他们眼中的弱国留下非常不好的印象。我听说，沿海地区，特别是上海、香港和澳门的洋人，肯背井离乡，是因为他们欠下了一大笔的债务。要么还不起，要么不愿意还。然而，同样是这群洋人，当他们在亚洲的某个港口安居下来，如果他们的仆人不及时把每个月应得的酬劳领走，他们会非常生气——我不相信他们会真的生气，至少真的非常生气。因为那样毫无道理。干完了活的人，哪个不急于得到报酬？难道洋人为他们保管一两天会有什么损失？假如能保管上两个月或者两年，那么利息岂不是很可观？”

“自从我身居要职以来，到上海来的英国官员给我留下了最好的印象。我很希望自己能讲他们的语言。有些英国人的汉语说的很流利；还有一两人的秘书，居然会写中文，写得也很不错。他们已经在我国沿海生活好多年了。”

“所有这些洋人都告诉我，太平天国的覆灭，所有的外国基督徒们都很高兴。但是我找了一些英国报刊文章翻译了来看，好像编辑们对长毛贼的最终覆灭的遭遇非常难过，好似他们自己要死去了一样。而且，我发现几乎每一个洋人的聚集地，都因为我在苏州处死太平军的降将而严厉指责我，称我为‘黄种野蛮人’。我不再打算回应这些外人无耻的攻击。我想说明的是，事实上，我并没有下令处决这些降将，不过，即使真是我做的，我也不会痛心与后悔。因为他们死有余辜，消息传到京城，圣上龙颜大悦，太后也大喜。我是精忠报国。如果戈登将军在拜会时，擅自对那些太平军将领许诺过什么，那么他的做法早已经超出了他的职权范围。”

1870年6月，北京的清廷让李鸿章起身北上，准备担任直隶总督兼北洋大臣。这种情况下，李鸿章如是写道：

“对于这次宣召，我并不感到十分高兴。因为我对现在的职位很满意，在此活得很舒心。但是现在的直隶省里，有着大清帝国最棘手的地方事务，还要考虑如何去对付洋人。不过，另一方面，我也很高兴朝廷对我的信任。他们相信我有能力摆平这些问题。”

“即使是与我最势不两立的敌人，也不会诬陷我是洋人的知心朋友。无论是那些强迫我们与之贸易的洋人，还是那些把他们的宗教硬塞进我们头脑里的洋人，都不会是我的朋友。可是，通过签订和约，我们已经准许他们在中国传教。那些来自世界各地的牧师，试图真诚地告诉我们何为最美好的生活方式，何为最幸福的死亡方式。而我国那些受过良好传统教育的儒士，一定会非常不快。但是，洋人们却已经凭借武力，把文化的楔子打进了中国。和约已成，现在吵嚷着反对曾经应允的事情，为时已晚。我们一旦打开了大门，羊群们就蜂拥而入。现在的情况是，那些牧人[①]是绝对不会同意收回他的饥饿羊群，更不会放弃中国这个草肥水美的牧场。尽管我们很厌恶这种情况，但是假如我们真正地把中国的利益放在心里，就不要反对洋人的到来。不管他们是商人、传教士还是其他什么人。因为无论如何，他们注定是要来的，不管是骑着马、扛着刺刀，还是坐在军舰或者大炮上。我们每一个中国人，都应该意识到这一点。这就是现实。”

“不久之前，直隶省某些阶层的民众发生了骚乱。他们反对法国的神父和修女。实际上，他们是在反对任何一个外国机构的所有成员。朝廷只是希望这一切能立即中止。我感到非常荣幸，朝廷认为我是解决问题，实现朝廷愿望的最佳人选。我就任后，是不会放过任何一个参与骚乱的人的。如果这些人当中也有洋人，无论是神父还是妓女，不管他是传

---

① 译者注：这里指外国殖民者们。

教士还是鸦片贩子，都不会受到我的庇护。我的队伍已磨刀霍霍，将毫不手软。”

“上次见到曾国藩大人时，我们就这个话题深入探讨了足足几个小时——除非找到一种如快刀斩乱麻般解决这个问题的办法，否则，它就会像一把匕首那样随时可以刺进我们国家的身体。和我一样，恩师在过去的五六年时间内，改变了对基督教文化的看法，不再憎恨基督徒了。他告诉我，有些日子，他曾想上奏朝廷，请求颁发一道上谕，充分接受各行各业的洋人。我告诉他，如果他的这一愿望非常强烈，我愿和他联名上奏。”

“6 月 12 日——尽管民众可能无法理解我的行为，我还是要写一篇奏折，为洋人争取到在中国的合法居住权，让他们在不被侮辱和骚扰的情况下完成自己的事务。我希望尽快完成这篇奏折，并交给曾国藩大人，因为他很快就要面见老佛爷。他也许有机会把这篇文章留在宫中，让太后私下审阅。如果朝廷批准，我会自费印刷几千份，在所有省份去传播。目前，我想我能做的只有这么多了。这么做，其实是为了我们的百姓和洋人谋求双赢的最大利益。”

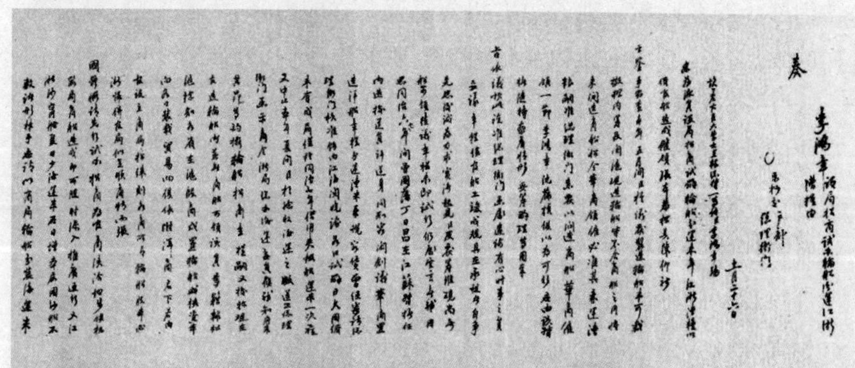

李鸿章手书的奏折

在随后几星期的一篇日记中，李鸿章提及他为洋人请愿的那篇奏折还没有完成：

“我希望尽快面奏太后，征求她的同意，对于把这件大事，我把自己的看法全写下来。”

“6 月 23 日，天津总督衙门，这个城市的暴徒们遵循着自己可恶的理念，又一次在世界面前出丑，使得朝廷蒙羞。这些煽动或参与暴行的无知恶魔，不要以为他们能够逃避惩罚。我会彻查此事，任何与两天前屠杀案相关的人等，都将得到应有的惩罚。”

“6 月 24 日——今天早些时候，法国领事前来拜会我，并递交给我驻北京的法国公使所写的一张纸条。他询问我，会采取什么样的措施惩罚那些参与袭击领事、天主教神父、修女和皈依者的暴徒。”

“这就是外国外交官员在中国蛮横行事的风格：一家英国商店的窗户被闹事者砸碎了，领事或公使就会到衙门询问我们该怎么处理；一个法国花花公子在市井上与一群无知小民吵架，我们官员甚至还没有听说这事，法国的领事或公使就向总督挥舞着拳头抗议；一个红脸蛋的德国胖子，满肚子烈性啤酒，浑身散发着浓重的奶油味，跌进阴沟里，摔断一条腿。路人走过来，扶他站起来，他却认为人家要抢劫，便掏出了左轮手枪，开枪打伤了一个当地人，伤者的朋友向他扔石块，划破了这个德国胖子的红脸蛋。他的领事和公使就会立即前来，大声叫嚷，敲打衙门的大门，说‘德国的旗帜被玷污’了，要求给他们‘公道’。”

“——就因为这是在中国！如果同样的英国人、法国人或德国人在自己的国家遇到了同样的什么麻烦，能有一个警察或者治安官把他的情况记录在案，他就会心满意足了。但是因为在中国，他们就期望整个政府机器能够使那些‘黄种野蛮人’就范。”

“当然，我举出这些例子，并不是为了拿它们和眼下这桩可恶的暴行相提并论。在天津和北京的每一个外国情报人员，包括法国公使和领事都知道，我对于违法的行为向来严惩不贷，特别是针对洋人的恶性暴力事件。可是法国公使和领事还敦促我，问该怎么去办。这种做法严重伤害了我的自尊。”

“我对那个法国官员说：‘领事先生，请原谅我的缄默。但是如果阁下能屈尊到监狱去打听的话，你就知道我为这件事做了什么。如果阁下随便找任何一个这城里的人去打听，你就会知道，有三千名士兵正在全城大搜查。他们不会放过任何一个角落，直到把所有的嫌疑犯都带到官府里来。'”

“尽管我只是向他透露了他已经知道的消息，我的答复却让这位法国领事非常满意。他也只是向我强调自己作为法兰西帝国代表的重要性。而他却忘记了我实际上管理了相当于法国巴黎城市人口二十倍的地区。而领事先生自己站在巴黎街头，估计无人认识他。”

“（没有日期）——处决暴乱元凶的日子定下来了。而法国和俄国的大使都要求延期斩首。他们渴望能到现场看看，确切地说，他们渴望亲眼看到那些罪犯的头被砍下来，死在他们的面前。”

“这是洋人们另一个令人生厌的特性。今天他们写来的这些信，令我非常生气。也许，他们认为我的这些反对暴行的言行，只是为了制造震慑气氛。但是如果他们能体察事实的话，其实应该知道，我比北京或者天津所有的外国政府代表们更急于处理掉这些恶棍。这不只是为了复仇或者为了补偿那些被夺去生命的男人、女人和孩子，也是为了大清帝国的利益考虑，必须对所有的罪犯实施雷厉风行的惩罚。如果我的儿子或者女儿在欧洲或者美国无辜被杀，我相信外国当局也会查办此事，把凶手或者凶手们绳之以法。只要我担任一天的直隶总督，直隶省都会这样依法办事。”

“当然，大多数中国人或许认为，如若一个年轻的中国女人希望跑到国外去，并生活在陌生人中间，她就活该被暴徒杀死，或者，活该有其他什么致命的灾祸降临到她身上。但是英国人，美国人和其他基督教国家的人持有不同的观点。我们认为，杀死那些修女对她们有好处，因为她们既没有丈夫，看起来也吃不了什么东西。总的来说，对世界没坏处——法国领事则说，这些修女在法国基本上都被看成伟大的圣人。这难道不是很奇怪吗？她们只是些平庸、勤劳的女人，照顾着很多的孩子（很可惜的是，这些孩子没有在婴儿的时候就死去）。而一群狂热分子，却把她们看成是圣徒和不朽的祖先。据我对法国人性格的了解，他们会派舰队和陆军来，杀死所有拦路的中国人。法国是一个基督教国家。我实在无法理解，他们是如何履行他们所宣称的那些个教义的，也不明白他们不惜去维护的道义究竟是什么？凭什么值得为这些修女们大动干戈？”

“6月21日——处决杀害法国领事馆官员和基督徒的罪犯的日期，再一次被推迟。这一次是应俄国公使的要求。然而，外交部门不断从巴黎和圣彼得堡接到消息，说他们的政府已经对拖延惩罚这些暴徒很不满意了。这是什么意思？俄国和法国是不是想找借口与大清国开战？”

“一位英国领事馆官员提醒我，如果法国不是把主要精力放在与普鲁士的争霸上，很可能会向我们宣战。我不知道该不该相信这种说法，但是我听说，北京的总理衙门也从另外的一个渠道得到了一份报告。如果是这样，那么，错误完全在法国一方。如果没有法国公使的要求，暴乱分子早在几天前就被处决了。这件事非常奇怪，而且根本不应该发生。”

李鸿章与外国公使

“公使亲自向我保证，他对我在整件事上的态度十分满意，但与此同时，他也对所谓大清政府的漠然态度抱怨了几句。我向他解释，太后、皇上还有衙门与惩治暴徒无关，这件事由我全权负责，如果没有公使馆的干预，我保证用最可靠最迅捷的办法将全部罪犯捉拿归案。我希望公使确定一个明确的处决的日期，但他拒绝了。”

“7 月 25 日——我认为那些谎话连篇、态度轻率的官员是此次排外暴乱事件的主导因素。过去，我一直愿意相信，绝大多数的大清官员都是极力阻止此类事件的发生的。但是，通过调查这起可怕的杀害如此之多外国官员和教会工作人员的暴乱案件，再考虑到最近发生的其他一些暴乱，我确信那些见识浅薄，心慈手软的地方官员应该负主要责任。”

“我知道这么做，一定会在全国树敌，少说有几百人，多则上千人。但是下次面见太后时，我依然要力劝她颁布一道上谕(只要我敢于这样坚持下去)，命令府县官员负责保护基督徒的生命和财产安全，损失的，要么偿命，要么还钱。如果这条法令颁布下去，传教团就会少受到攻击，传教士们就能畅通无阻地追求自己的天职。”

“7 月 27 日——曾国藩大人发表了一份声明，免除了所有近来引发暴乱的神父和修女的罪责。他严厉地谴责了疯狂的暴乱行为，并宣布圣上代表所有的臣民极力抵制这种行为，并希望对肇事者实施应有的处罚。”

“我很高兴曾国藩大人会有这样的举措，更让我欣喜的是，得知皇上和太后支持我采取严厉的措施，镇压那些无法无天的反对基督教的暴徒。必要时，我将对其采取更加猛烈的打击。”

“我决心终止直隶省的动荡，如果有必要，凡是我在任的每一个星期，我会亲自去北京、保定府和天津拜访文武官员。如果这些不可饶恕的可恶袭击事件持续发生，整个世界会真的认为我们是一个黄种野蛮人的国家。我肯定会奏请朝廷颁布一道法令。同时，我会让我管辖的直隶省变成一个安全的地方，可以让外国的商人，传教士和他们的家人安心地居住。”

“8 月 23 日——今天闻知两江总督马新贻遇刺身亡[①],心如刀绞。他是一位令我感到自豪的朋友。可恶的暴徒！可惜啊！但愿行刺者为自己的行为付出代价,不仅仅被处死,如果祖先有灵的话,一定要将他们的灵魂撕成碎片。”

“也许我的一些敌人会认为,马总督之死是我的前车之鉴。因为他一直对洋人和他们的宗教表示好感。毫无疑问,就是因为这种感情,他才在权力和事业的巅峰期横遭杀身之祸。光荣啊！他以生命为代价,换取了思想的自由和心灵的豁达。我想知道,洋人们是否会真的对这种因他们而起的牺牲而心存感激？时间会告诉我们一切的。”

“但是如果有人认为我的行为,更不要说我的想法和感情会受到两江总督遇刺的影响,他们还是不够了解我李鸿章！相反,我将比任何时期都更严厉地处置直隶的暴徒。如果朝廷不干预的话,我会把这些闹事者和凶恶的罪犯赶出我的地界。”

“光荣的马新贻总督！他为中国而死！在西方上帝的眼中,他也是中国的殉道者！”

“8 月 25 日——整夜都梦着死去的两江总督,看见他冰冷的尸体在杀手的手里。何时我像今天这样难过过呢？我甚至拒绝接见俄国的公使代表。”

“9 月 4 日——军机处问我待斩的暴徒人数能否适量地减少。这种干涉像公使馆的干涉一样糟糕,甚至更糟。我回答说,绝不可能为任何一个犯人开脱,更何况我还在努力增加人数。军机处和其他高官忙着准备他们自己的事情,需要付给的赔偿金。而我来具体负责这些刁滑、愚顽的无赖,这样最好不过了！”

“9 月 5 日——一共有十九名死刑犯,我赦免了其中一人的死罪。

---

① 译者注:这里指的是晚清四大奇案之一的“刺马案”,事情发生在同治九年七月二十六日上午,马新贻校场阅兵完毕,返回督署的路上,为刺客张文祥所杀。此案发生,震惊朝野,其中诸多问题,至今仍是一个谜。

他是一个愚昧低贱的人，对他来说，死去比活着更幸福快乐。但今天上午，我允许他把他自己的故事讲述一遍。他被带到了我的面前。陪同前来的还有一名法国神父。发生天津教案时，他很幸运地在通州。这个犯人解释说，他一直为一个仁慈孤儿院工作，并没有参与最初的暴乱。但是那些暴徒威胁他，如果不参加这场疯狂而残忍的暴乱，他们就杀了他。”

“我问他：‘你杀人放火了吗？’”

“没有，大人，我没有。我很快就逃走了，以最快的速度赶回了我在老城的老家。”

“我继续问他，是不是改信基督教了。”

“哦，没有，大人，绝对没有，绝对没有！”

“听到他这么回答，神父用责备的眼神看着这个家伙。对他说，他知道他在撒谎，他怎么能够否认自己的信仰呢？他应该愿意为之而死。接着这个低贱的草民自觉羞愧，告诉我，他确实是一个教徒。”

“嗯，你知道承认了就好，我告诉他，因为我不希望被人指责谋杀了一名基督徒，哪怕你是这样一个毫无价值的坏蛋，所以，我要免去你的杀头之罪，但是你将永远被驱逐出直隶和周边的省份。我希望你去一个基督徒的国家生活，但是毫无疑问，他们会马上找出理由杀死你。”

“然后，这个低贱的草民乞求我维持原判，那个神父则说他不在乎怎么判。我把这个懦夫骗子撵走了，下令他不许在沿海地区停留。这种撒谎成性的人当刀子架在他脖子上，嗓子眼里都会有一个魔鬼在说谎。如果杀了他，刀锋会钝，那一损失，要比他一条贱命大多了。”

9月16日，直隶总督李鸿章针对好几个月前发生的天津教案做了最后一次评论。这起事件差点儿引起了中法战争。幸好，处理结果令法国政府满意。年底，法国政府发表了一份声明，用法兰西共和国公使的话说，这是一份“圣诞节和平礼物”。

李鸿章与其子李经方、李经述和外国公使在一起

李鸿章总督写道:“信仰基督教的公使、神父、仁慈堂的修女们宣扬和平友善。他们用自己的生命和传教工作来证实了其真诚的意愿,为教徒们做出了良好的榜样。但是他们有一个很大的错误:如果事情进展得不够如意,他们从不直接找衙门控诉。如果他们在小村子里遇到麻烦,他们不去找村长,也不去找知县,知府,巡抚或者总督,他们会直接找领事诉苦,领事再找公使。我本人于公于私,对于能当上公使的洋人都很是尊重,因为他们往往都是地位很高的人。他们会把麻烦直接汇报给他们的政府,而且常常事先不通知我们。于是,外国媒体登出最新消息说‘中国人向基督徒施暴’。看到消息的所有人都会以为,我们整个中国都在武装起来对抗他们外国人。两三个市井无赖或者几十个自以为爱国的暴徒,就能败坏了整个国家的名声。上到朝廷,下到黎民百姓,都会诅咒他们!”

“我不厌其烦地向教士们建议,当他们遇到各种性质的麻烦时,最好的解决途径就是报官。其实很简单,他们只需和当地衙门的官员认识,并相信衙门的官员会给予他们全面的保护,免遭暴力。如果他们有足够的理由怀疑当地官员、知县或者知府的真诚和可靠，可以直接要求巡抚或总督来保护他们。巡抚和总督也许并不比那些知县和知府更赞赏这些传教士或他们的工作，但是，他们害怕丢了官位，而且通常这些人更聪慧，更开明。”

“今天，我目睹了那些杀害法国外交官和仁慈堂修女的人被处决。我很高兴，如此悲惨的一页终于翻过去了。外国政府代表们也悉数到场。我相信他们都很满意。十六颗人头落地，其余的三十三人正在被流放途中。”

“我问法国公使是否满意？”

“是的，非常满意。”他反问道，“那么大人您呢？”

“我告诉他，在某种意义上，我相当满意，但是直隶省内，还有许多死硬的人，伸着脖子，他们都需要沉重的剃刀去修理一下。说这句话时，我也想起了马总督。”

1886 年 2 月 17 日，李鸿章写了这样一篇日记：

“我越来越肯定，基督教本身并不可恨，在很大程度上，中国人憎恨洋鬼子，是因为他们只是外国人。”

“在潜心研究思考西方宗教这么多年之后，我看不到它与我们的哲学有什么冲突。相反，孔子的思想和耶稣的教义都是建立在一个高尚的层面，都是为了对人类加以改良，无论是异教徒还是基督教徒。我知道：如果我恰好生在英国、法国或者美国，我会自称为基督教徒。因为基督教是那些国家的宗教，遵守教义的人可以免除生活中的麻烦，且受人尊敬。他们无需考虑孔子，因为他们不需要他和他的学说。同样换做中国，也是如此。我跟随着伟大的圣贤和智者，也不需要基督教，但是，不能只因为我自己没有感受到基督教的呼唤，就反对它。我相信有数以万计的老百姓从了解耶稣中获益，特别是当他们遇到麻烦，孔子的思想又不能解决的时候。”

“因此，我要总结一下当今最具才智的官员和文人的感受。从广州到北京，整个东部省份属于这个阶层的人，都持有类似的观点——我们不是因为宗教而憎恨洋人，而是另有原因。我们之所以害怕，根本不是因为他们是耶稣基督的使者或者是他的信徒，而是担心他们可能威胁中国的政治和独立地位。”

“这个结论是正确的，暂且不论其他，有一个事实就可以说明：在所有的外国人里，日本人是最让国人瞧不起的。我们知道他们不是基督徒，无论是政府还是人民都没有基督教国家的优点。正相反，日本人在宗教、哲学和伦理等方面和我们很相近。然而，我们仇恨他们，他们也看不起我们。尽管他们全盘吸收中国的艺术、文学和科学，而且他们一直假装比我们好很多。他们非但不感谢我们为他们做了这么多的事情，反而会在我们这只鸿雁身上拔毛，从脖子拔到尾巴，假如有机会，他们会把中国当做一整只鸟吞咽下去。”

“了解了这些情况，仔细思考，非常感谢基督教国家在危难时刻为我们做的事情。我不得不说，我对于西方人很友好，无论他们来经商，还是来传教，或者根本不来。所有的国人都应该意识到，外国人都是一样的人，一些基督徒比某些道貌岸然的道教徒或者佛教徒更招人喜欢。”

第三章　和戈登将军的交往

那时，曾国藩正是中国中部对抗太平军的团练武装——湘军和部分清军的统帅，如日中天。而李鸿章却籍籍无名，不过他聪颖过人。李父与曾国藩有同年之谊，故而李鸿章得以引起曾国藩的关注，并提携入幕。李鸿章从此踏入了军旅的行列。军人的职务和战争的生涯，最终让李鸿章接触到了查理·戈登将军。双方彼此信任，建立了牢固的友谊。在多年的戎马岁月中，李鸿章对此详加记述，积累了丰富的内容，足足可以编成一本书。

1855 年，李鸿章三十五岁。尽管如此，他像一个少年一般热情洋溢地赞美着曾国藩：

“这是我有生以来得到的最高的赞美，也是对我在不同职位上所从事卑微工作的最高褒奖。我听说曾国藩大人已经决定将我招至麾下，帮他一起剿灭长毛逆贼。虽然不知道具体会授予什么样的职务，但不管是干什么，我都会尽力做好。我要战斗。战斗，只有战斗，可以平息我内心对这些粗野叛贼的憎恶。他们是一群强盗，在全国乱窜，竭尽全力去摧毁朝廷。他们会向北京进军，一举推翻神圣的朝廷。我们必须彻底铲除他们，把他们赶到海里，或者用他们的肉体去喂泥堆里的猪。”

“我父亲见过曾大人三次，他说曾大人是最近几个世纪来最伟大的学者。这是多么显赫的名声！曾大人博学多才，精通古典文学。同时，他又是一位明智的管理者和深谋远虑的战略家。这就是曾国藩大人，不愧为一时之豪杰——博学、贤明、严厉和勇敢！他的功绩从遥远的南方传到最北国，从西藏传到东海，令我称羡，一心想襄助曾大人建立功业。”

“我的家庭背景和曾大人的很相似的。但是我更应该在他面前表现出谦虚，不应该牵强附会。据说，曾国藩大人的家族是安徽和江苏两省最古老的世家之一，还有人说他有满族血统，因此颇受朝廷的厚爱与倚重。但据我后来得知，这个说法是完全错误的，因为一千多年来，曾大人[①]的祖上一直生活在湖南省乡间。”

“1855 年——我昨晚和学生时代的三位老朋友一起吃饭。他们来到我的花厅（李鸿章指的是他在合肥担任副通判知幕时的办公室）参观。我很快看出，他们来的目的是拿我开心，妨碍我的工作。他们的这种做法是很不对的，如果自己没正事可干，也不该去打搅别人去完成自己的志向。”

“阿平对我品头论足，说我衣服的质地很好，玉戒很沉。他说父亲这些日子比我读书那会对我宽松多了。我告诉阿平，我并不喜欢他的说话方式，因为他等于在暗指我不应该拿俸禄，或者直截了当地，我在混日子，拿着我不该拿的钱。”

“我的父亲和叔父对我，确实要比六七年前更慷慨了许多。需要时，我可以从他们那里拿到一大笔钱。但这并不是因为他们改变了花钱的态度，而是因为他们现在知道，借给我的钱，很快就能被还清，而且带着很好的利息，而之前，他们是不敢确定的。”

“我的社会经验还不够丰富，但是我有一个非常确切的信念：如果你拥有某个物品一定数量，人们会愿意帮助你好上加好，此所谓锦上添花；而假如你什么都没有，只有圣人才会馈赠你一些东西。这就是损不足而奉有余，人生中所有的事情都是这样的道理。如果一个学生考试

---

① 译者注：曾国藩，字伯涵，号涤生，谥文正，汉族，是个出生于湖南长沙府湘乡县杨树坪的农家子弟。晚清重臣，湘军的创立者和统帅者。他是晚清最重要的军事家、理学家、政治家、书法家、文学家，晚清散文“湘乡派”创立人。李鸿章师从曾国藩，一生功绩，都自曾国藩提携始。

总是不及格，连一个秀才入第都考不中，我想，是不会有一个秀才或者进士，愿意陪他熬夜背书或者给他解释深奥难懂的典籍段落的。但如果他成绩优异，名列前茅，所有有学问的人都愿意伸出援助之手，帮助他越学越精，越来越好。”

“如果一个人身无分文，是一个沿街乞讨的要饭花子，很可能他一辈子都只能沦落成那个样子。因为除了和他一样的乞丐，他根本不会有其他任何朋友。当他想在寒夜里喝一碗热汤或者在过节时吃一些好吃的，那些乞丐朋友对他来说根本起不了任何作用。这个规则甚至也适用于家庭：假如一个男人到了一定的年龄还没有老婆，那个地方的姑娘就会认为，他要么娶不到一个老婆，要么认为他即使娶到家中也养不起。但是一旦这个男人结婚了，并取得了一定的社会地位，很多女人都希望自己的女儿能成为那个男人有地位的小妾。”

“阿平，阿三和何龄都是我的好朋友。但是，当我在花厅工作时，我无意再让他们对我的工作说三道四。当他们拜访我的时候，通判知事大人恰好不在。如果他在的话，会立即阻止他们说笑的，命令他们去做自己该做的事情。但是最终，通判大人还是听说了此事。从知府衙门回来后，他质问了我，问我是否把衙门当成了与朋友聚会的地方了，我惭愧不已，无言以对。顺带一说，这位知事对文学一无所知，但他是一个财政数算专家。在他的驱使下，本府大大小小的税官们忙个不停。他在任职期间，辖区内很少有偷税漏税的情况。除非是那些遭受太平军严重劫掠的地方。总督对那些地区考虑得很周到，很关照他们的疾苦，允许当地百姓免除税捐。”

“朋友们知道我入了行伍，要到军队中去任职，就开始没完没了地嘲笑我之前宏伟的文学抱负。我曾说过，希望自己有朝一日能写出一部经典史诗般的作品，使自己迈入有史以来最伟大的诗人行列。于是，他们逢人便讲我有怎样的抱负。甚至，曾国藩大人在与父亲的谈话中，也用诙谐的口吻调侃我，并问及，将来是要做一个怀抱词典的文官，还是做一个手持利剑的武将？哪个能干得更好？当然，他只是在开玩笑，我父亲也明白这一点。因为曾大人曾告诉父亲说，他第一次注意到了我的文学才能和造诣，是从那位知县大人的褒奖中听来的。后来，我给曾国藩大人写过一封自荐信，谋求军职。曾大人见信后，高度赞扬了我的书法——说实话，我的确在书法上狠下了一番功夫。见到恩师本人后，他说我的履历和成绩都不赖，他会把我安排在他的身边。如果，我确实笃实能干，他会栽培我，提拔我，委以重任。"

"所有人都知道一句俗话，好铁不打钉，好男不当兵。根据老祖宗的训诫，大事从小处做起。我为了一个最低下的差事，放弃了最崇高的职业理想。说白了，假如我在军队里不能当上大将，而最终只落得为可怜的那一点点军饷而打仗，会被人看不起。但我心意并非如此，我的本心中是不喜欢行伍的，也不想做一介武将。但我得考虑自己的前途，更何况军队现在急需人才。在行伍中，我依然可以独善其身，不放弃写诗作赋，坚持自己的文学梦。但如今这世道，哪里是一个写诗的时代？谁又有那份闲心去读我的诗呢？这片土地如今满目疮痍，处处刀光剑影，谁还有那份诗歌的浪漫？"

"因此，说我背弃了文学，改变了志向，这是不对的。曾国藩恩师岂非一代之鸿儒？他同样可以跃上马背，统帅千军万马。"

接下来的那些年头，李鸿章笔下的记录更加谨慎。日记主要记述了他自己如何一步步深得总督曾国藩大人的器重，从一个职位升到另一个职位。他的日记和备忘录中充满了各种各样的从军细节。所有的记录都表明，李鸿章由一个踌躇满志的少年逐步成长为一个笃实能干的官场大吏。从此，他将为风雨飘摇中的大清帝国无尽的政治事务操劳一辈子。

在放弃了他的财务工作五年后，李鸿章仿佛已经完全忘记了当初"好男不当兵"的说法。因为他在在八月份的一篇长文里这样写道：

"我被推选为很多部队的统领。这种荣耀是不可小视的。我麾下的部队最受曾大人青睐。最终促使他保举我督办江苏的军务。我并没有想到，我会这么快就获得如此的升迁。不过细细想来，也并没有太大的意外。因为我的军队行事雷厉，总是赶在友军之前，像秋风吹稻草一样，赶走了那些长毛贼寇。”

“起初的那些日子，我觉得自己是绝不会喜欢上打仗的，更不会喜欢上血流成河的屠杀场面。但是军旅生涯令我的性格和态度渐渐改变了，有时候，我在犹豫自己是否会希望回到宁静而没有厮杀的文官差事上来。”

“只要这些乌合的狂妄之徒还在蹂躏这片土地，我就一定会坚守自己的阵地。他们到处传播邪说，组织拜上帝会，召集了几十万之众的皈依者。他们的名字本身，就是对大清帝国的不忠。他们攻城略地，屠杀民众，摧毁城市，罪不可恕。但是他们烧杀抢掠，对渴望安居乐业的百姓犯下了滔天的罪行。他们还强迫国人，无论是城里的，还是乡下的，都要追随他们，一起尊崇天父和天兄（这帮无知的狂妄之徒，居然把耶稣基督称为‘天兄’）。不过，我们已经肃清了来自南方的太平军。令我倍感骄傲的是，只要我一声令下，成百上千颗太平军人头就会落地。”

“我进军浙江时，一些浙江的屠夫告诉我，因为太平军的劫掠，附近已经无肉可卖。现在，他们囤积的肉，还不够大军吃一顿。他们问我是否可以杀死狱中的一些太平军囚犯来吃。我告诉他们，我会命令手下的都统督办此事。能补充城市的肉食供应，这不是个不坏的主意。”

“太平军控制下的南京，也是如此。他们成群结队地来到此地，摧毁边远的城郊，肆意屠戮百姓。城墙被攻破后，长毛贼如凶猛的魔鬼一般涌入城市，四处杀人放火，无恶不作。这些人全都是些流氓地痞，凶神恶煞。他们分布在广州到长江汉口在内的广大地区。好几万人高举着天国的旗帜，所到之处，城毁人亡。”

“尽管他们自封很高的头衔，举行很多煞有其事的敬天仪式，但是依旧改变不了这一群乌合之众的本质。他们没有任何组织纪律性可言，他们的领袖洪秀全和军师冯云山不光光在邪教信仰上，而且在所有的事情上，都毫无理智可言。他们很快发现自己被围困在南京城内——他们吐着长舌，急切地想喝水。因为缺少食物，他们的胃就像空瘪瘪的猪膀胱一样枯瘦。”

“他们不敢出城，在长江沿岸打仗。不！他们也不愿意投降，接受曾大人的招安。不！他们宁愿一大批人抱团，待在南京城内，直到瘟疫把他们统统消灭，一船一船地运走。而城内，对大清王朝忠诚的臣民每天也会死很多人，很多的尸体被堆在肉摊上叫卖。”

“我手下的官兵不断向我汇报南蛮长毛贼的暴行。我也亲眼目睹了一些事实。如果我母亲只是间接听人说起，或是在书中读到此事，她是不会相信的。但是，她和父亲也曾亲眼目睹了太平军的烧杀抢掠。我们家的宅院——那个我出生的地方，以及当我写这篇文章时，我夫人生活着的地方，大部分已经像一堆稻草一样，被这些强盗放火焚毁干净了。那个地区，成百上千的房屋遭受到了同样的厄运。老百姓成批被屠杀。所以，我对这些把死人尸体和活人都堆在一起焚烧的疯子，对这些长毛逆贼，下什么样的命令来惩罚都算不上过分。我无法原谅他们的罪孽，无法对他们滔天的罪孽和嗜血杀戮视而不见。我请求列祖列宗让我把他们全部赶走，赶尽杀绝，全部丢到海里去。”

“1859 年 12 月 12 日——今天，有人向我汇报，说我的同窗阿平在一次口角中，被人杀死在城郊。听闻此事，我非常难过。好像有谁说过，阿平要准备投降太平军。他跟几个士兵开了句玩笑，或者说了点风凉话。士兵就把他和他的兄弟杀死，挂在了大桥上。那些士兵的名字被报到了我手头上。我命令以其人之道还治其人之身，用同样的方式处死了他们。值此战时，我不愿失去任何一个好士兵。但是这两三人，想来也没有什么大不了的。或多或少，不会引起太大的注意的。”

“1860 年 4 月 16 日——夫人又给我生了个男孩，我很高兴。我希望他将来能有所成就，成为一个伟丈夫和封疆大吏。”

“1860 年 6 月 16 日——太平军的头领们想谋杀我。他们在太仓谋杀了我一位高尚的兄弟。但是，我血管里有足够多的鲜血，大脑有足够的智慧，足以去打败太平军的叛乱和他们的头领。”

同一年的同一个月，李鸿章首次提到了“常胜军”的名字。来自英国军队的查理·戈登后来成为了这支军队的指挥官。他带领着“常胜军”在浙江和江西取得了一连串的胜利，将太平军的力量全部瓦解了。清政府也逐步恢复了对这一地区的统治。与此同时，李鸿章得以擢升，督办大清帝国两省的军务，并代办两江总督。不久，在曾国藩的极力保举下，北京朝廷颁发圣旨，李鸿章正式出任两江总督。

他写道：“我从不以为，鼓励洋人干涉朝廷内政是好事。如果我现在有足够的权力，调动足够多的兵马，能尽快肃清太平军，我也不会奏请朝廷允许英法出兵镇压太平军。但是，恩师曾国藩大人是一个有大智慧的君子，他是此政策最强有力的拥护者。所以，我不会去批评。他认为最适合的办法，就是全力以赴去肃清长毛，丝毫不要动摇。曾国藩大人说过，洋人的问题是，至少在宗教上，他们要为叛贼负责。所以，用他们的士兵和海军去为平叛作出一些牺牲也是理所当然的。毫无疑问，这个看法是正确的。但是同时，我们是否可以这样认为，如果给予洋鬼子们经常参与解决类似麻烦的机会，他们就有了更多的借口，就像被赋予了更多的特权来参与中国内政，从而借机为自己的国家谋利呢？”

戈登画像

“但是我必须说的是，他们的确帮了大忙。特别是英国人，他们在过去的四年里，派出了很多训练有素的士兵来支援我们。这些洋人在没有喝酒的时候，都是非常出色的战士，值得我们尊敬。但是喝醉的时候，他们既不喜欢也不尊重我们大清的军队。每攻下一座城池，爱国的将士们需要花费很多的时间来管束他们。他们见什么吃什么，见什么喝什么，但是他们不会虐待妇女，也不会杀死毫无战斗力的人，除非受了对方很大的挑衅。”

"我交给苏松太道的吴煦[①]一笔钱，让他和美国人华尔平分。华尔正在积极地为我的'常胜军'招兵买马。我向总督举荐他去做'常胜军'的统帅。不过，我还没有见过他。我只是听说他的战功，并相信他是一个勤劳肯干，勇猛过人的人。"

"1861 年，1 月 5 日——松江被大股的太平军所攻占，必须不惜一切代价将其收复。我命令吴煦和华尔立刻前来与我商议此事。'常胜军'已经很多天闲着没有打仗了，也许这支部队应该由我来亲自调遣。我本想休息几个星期或者几个月。打了这么多的仗，我发觉自己浑身酸痛乏力；可是，'常胜军'却一直在休整，他们在休息时，吃得比作战时还要多，当他们行军打仗时，他们总是设法去找吃的喝的，不论什么方式，他们总能找到。但是当他们休整下来，士兵们要变得慵懒很多，恨不得希望有人把饭送到他们的嘴边。但是这一点，就需要更多的伙夫服务，而且食物的费用也难以承受。此外，无事可干的时候，他们变得十分过分，无法无天，还总想着拿到更多的饷银。我想最好还是让他们打仗去比较好。这样，一到晚上，他们就想睡觉，而不是鬼鬼祟祟地四处惹麻烦。"

1862 年 12 月，他写道："糟糕的是，我听说接替华尔当管带的合适人选，至今还没有着落，试过了好几个军官都不成。华尔真是位精力充沛的统帅，如果他还活着，将对大清国非常有利，也会给他本人带来更多的荣耀。无论是在哪个地方，他几乎是每战必胜，他的名字已经开始令太平军闻风丧胆。"

"他战死在慈溪时，我就在他的身边。在他临终之前，我泪水盈眶。令人难过的是，他走的时候，远离家人和朋友，孤苦离世。这种悲伤比死亡本身更伤痛，尽管他的士兵领到了全部的军饷。但作为常胜军的管带，他被拖欠了一大笔的饷银。他对此事只字未提。我要用这笔钱，

---

① 译者注：吴煦 1809—1872，字晓帆，号春池，晚号荔影，浙江钱塘人。晚清官僚，藏书家，曾襄助李鸿章与太平军作战，后因贪墨营私等官场劣迹为清廷革职查办，致使晚景潦倒，郁郁而终。

在圣祠里祭奠他。”

同一天，他写道：“无论是白齐文（一个接替华尔统领‘常胜军’的美国人）还是霍兰德（一个英国前军官）都无法胜任重新组织常胜军的工作。依我看来，他们只是装作受过军事教育。因此，我愿意让一个拥有优秀履历的库克少校来统领，看看他的表现究竟如何。我的两只脚很不舒服，因为去年不慎摔过了一次。后背也很僵痛，否则，我一定会亲自上阵指挥。”

“1863 年 2 月 18 日，我收到来自布鲁斯爵士和斯特维利将军的来信，说英国最好的军官之一，查理·戈登会被派到我的军中，接管常胜军。而且他们说，这位优秀的军官，在其服役期间不需要任何的酬劳。大英帝国政府真是非常地慷慨。我听到此事，非常高兴，已经持续很长时间的太平军叛乱不仅给地方财政带来了沉重的负担，也耗尽了私人的资金。可是，雇用戈登的钱，大清国还是出得起的。难道是因为这个人其实对他们的政府而言没有用处？如今并不怕他要价高，更担心的，反而是他不要报酬。他是否可以提供更为优质的服务，指挥好这支军队，这可不是闹着玩的。”

“1863 年 2 月 28 日——我又收到英国人的一封信。这封信是戈登少校亲笔所写的。这封用英文写的信很简短，信中陈明有一件事必须说清楚，他必须掌握军队的指挥权，否则将不接手这一事务。”

“为了得到朝廷的答复，还需要花上好多天甚至很多星期。为我们做事的洋人，全是这种傲慢的态度，即使是他们在为自己的出路而求职。当然，我不能这么简单地说这位英国军官，因为并不是他自己申请做统帅的，而是大英帝国的要求，况且，他也没有要求薪水。他自己没有提，可是，他的上司替他说了。数目不惊人，对我而言，完全付得起。如果他很能干，能率领常胜军无往不利，斩断十万太平军的头颅。不管他的大英帝国政府向我伸手要什么，我都会用荣誉和金钱回报他们。”

“没有日期——我可能不会跟这位新任的指挥官英国少校相处得愉快的。这个想法令我很担忧。在信中，他宣称只有掌握最高指挥权的前提下，才同意与太平军作战。这令我更不安。华尔说过同样的话，无用的白齐文和霍兰德也说过同样的话。至于库克，他会是一名出色的将领，统帅一群无业游民拉着骆驼去饱饮水的好将军。”

“我痛恨所有的这些洋人，不过，让他们知道这一点就太不明智了。我不讨厌某个洋人本身，而是讨厌他们自恃高人一等，装腔作势的样子。每一个人都会用同一副腔调说，我会做这个，我会做那个，我会把太平军全部都赶走或者我会把他们全部都杀掉。我要让你的军队比任何时候都荣耀，但是你必须让我用自己的方式作战，不能横加干涉。”

“这就是洋人做事的整体风格。在这场战争中，我真领教了不少。因为紧急的情况不断出现，我们不得不赔着笑脸忍受，跟他们说‘是是是’。这让我怒不可遏，最终有一天，我会问他们一个问题：你们自诩的国家到底有多文明？是否是在我们之前就学会了六艺？你们出生的年代里，是否有比我更加智慧的人？”

最好，在此解释一下时代背景。此时，太平军已经推进到了江西、安徽、浙江和江苏四省。他们四处搞破坏，滥施暴行，以反抗清政府的残暴统治。这些人被一个很有蛊惑力的人领导，他自称从“基督徒的上帝和他的兄长耶稣基督”那里获得了权力。这源自于一个事实，他们的那个最高领袖洪秀全，曾经从落入他手中的基督教宣传小册子上吸收一些空幻的观念，宣称在他所见的幻象中，“基督徒的上帝”任命他为中国皇帝。

李鸿章和他那个时代的杰出人士，包括曾国藩和恭亲王在内，还有大清帝国政府本身，都曾经相信太平军起义的直接原因是外国人在中国传教。根据历史事实，当时去广州传教的国家基督教大主教罗孝全牧师拒绝承认洪秀全的思想，并对洪秀全大病时所见的异象不以为然。洪秀全本人也绝对没有可能得到任何基督教国家或者团体的鼓励。然而，他自称是一个受教者，受天命领导中国人过上“洋鬼子式”的基督教宗教生活。仅凭这一点，就足以把这次起义定性为基督教对清朝的攻击。清廷和中国上下，对太平军发起的这一场可怕战争的仇恨，统统转嫁于外国教会。

到目前为止,李鸿章与外国人之间的交情为零。可能,他的思想还没有进入到一个开明的时期,所以,他写下了我们所见到的上面那些文字不足为奇。毫无疑问,他心中对外国人怀有更多的恨意,只是不适于付诸笔端,用文字表达出来。但是值得称颂的是,随着他的日渐成熟,对“西方教会”有了更全面的了解后,他成为教会最热心的朋友之一,就如我们可以在他的回忆录的其他部分中所读到的那样。

“3 月 17 日——我相信英国人戈登的到来是上天的恩赐。我已经任命他为‘常胜军’管带。他以前好像在火烧圆明园的那支英法联军里效过力,还在天津待过好一段日子。我们已经见过面了,就像是老朋友一样一见如故,我对他很满意。”

“他的言行举止都要优于任何我见过的洋人。在我看来,他没有明显显露出那种跟大多数洋人一样令人厌恶的自负。此外,他很有军人风度,说话办事直截了当,秉公行事。他在到来后的两个小时内视察了部队,下达了命令,我非常高兴地见到,士兵们都乐于服从他的命令。”

“看来,英国政府只是把戈登先生借给我们使用,朝廷根本不用给他发薪水。我突然担心起来,某种程度上,这不是件好事。因为一个愿意提供无偿援助的人,更倾向于独立自主,比那些拿着哪怕是一点饷银的人更容易撂挑子不干,说走就走。我必须活动一下,让戈登将军接受我们的饷银。”

“4 月 7 日——戈登将军带领着两千名‘常胜军’将士以及一万五千到一万六千名清军和地方武装,在福山向太平军发动了猛烈的攻击。前天,我给他们一些赏金,并让他们知道,如果能拿下福山,还有一大笔丰厚的奖金。后来,我们再次拿下了苏州,我告诉他们,戈登统帅下的每名官兵,除了得到全额的军饷,还有额外的赏金。”

“5 月 2 日——一位太仓府的前任知县前来向我诉苦说,戈登手下的人在攻占太仓后,把所有值钱的东西都抢走了,把太仓剥夺得像一副干巴巴的鱼骨架。他们还杀了好几百个太平军。他情绪激动,问我能否命令戈登保护他的生命和财产。”

“这个厚颜无耻的混蛋，为了保住自己的乌纱帽，一度暗中勾结太平军。我早就听说这个叛贼有叛变的倾向。他比比画画地控诉着‘常胜军’的不是，当时我就想着要叫侍卫来，在院子里结束他无边的烦恼。但是，我想到了一个更好的主意：让我的英文秘书赫尔，用英文写一封信给戈登，让他带着这封信去求见戈登，然后让戈登见信后砍掉他的头。这个家伙兴高采烈、满意地走了。”

“（没有日期，可能是在五月中旬）——见到这么一位优秀的英国人领军打仗，我疲倦的眼睛重新亮了起来。沉重的心灵，就像是吃了什么灵丹妙药。我和他共处了九天九夜，刚刚从前线回来。如果有什么品质，能让我像对恩师曾国藩大人一样崇拜的话，那就是这个军官雷厉的军人作风。战斗——部署——再战斗——再部署；晚上计划，白天执行——白天计划，晚上执行！他真是一位很了不起的军人。”

“昨天，当我准备离开暂时休整的时候，我告诉戈登，他是我的兄弟。我心目中拿他当我那个已经死去的兄弟。这句话是不是已经说明了一切。这位英国人的脸上先是洋溢着喜悦，后来他好像想起了什么伤心沮丧的事情。当他向我表示谢意的时候，笑容已从嘴角消失，泪水盈眶。难道在他生命中，曾经有一些伤痛，是他挥之不去，所以他期望不顾一切地打仗，想遗忘干净。或是，死亡对他来说，并非一件可怕的事，而是一种解脱？”

“（没有日期）——我很可惜的是，程学启和戈登的关系不是很和睦。他们打起关于对方的小报告来，源源不断，都表示难以相处好。”

“6 月 12 日——许多被戈登将军革职的军官，联名请求我为他们恢复职务。但是我一概加以拒绝。我认为，他们早就应该被赶出军队了。他们没有丝毫的爱国心，满脑子只想着发战利品的财和纳美女为妾。”

“同一天晚些时候——程将军威胁说，如果再不约束戈登将军，他就辞职。也许我告诉戈登，让他直接听命于我，是个错误。虽然学启统领队伍，但无法干涉‘常胜军’的军务。学启并不是一位多么了不起的军人，他同戈登的脾气一样糟糕。他们两人都像我，性急争执起来，口不择言。”

“7 月 19 日——即使戈登很有才华，他也必须要管好自己的那张嘴。在毫无事实根据的情况下，他公然指责我暗中偏袒学启，并试图让他完全指挥包括‘常胜军’在内全部的清军。此外，他还公然指责我克扣军饷，这实在让人难以忍受。戈登将军要求职位比他低的人敬畏他，而且他认为，只有采取极其强硬的手段，才可以维持军纪。既然如此，那么他为什么就不能给我这位负责本地区军务和政务的长官一点面子，一点尊敬呢？”

“6 月 28 日——今天程学启又来说戈登的不是了。我将他斥退，命他回部队安分去做他的指挥。这些琐事搅得我日夜不得安静，该集中精力处理军务的时候，却总昏昏沉沉欲睡。”

“(没有日期)——这些日子，戈登不想别的，满脑子全是钱。他向我要钱，好像我是财神爷。他说如果我不给钱，官兵们就无法打仗。我说如果能攻入苏州，就会有钱付清所有人的欠饷，同时，还会有一笔丰厚的赏银。这些话，我是从总督那里听来的，而总督又是亲口允诺的。”

接下来的那个星期，李鸿章只字未提那段时间困扰他的无数难题和变化。但其实，最困扰他的，是戈登将军将要辞职去上海，希望他的英国上司——布鲁斯爵士和斯特维利将军批准他离开。但是到了上海，他陡然发现，那个在华尔阵亡之后继任“常胜军”管带的白齐文召集了百余名上海滩浪迹的洋人，已经投奔了太平军。那时候，白齐文正在苏州的太平军大本营中。很久以来，这位英国军官戈登一直在准备攻打这座城市。而事实上，他已经围困并占领了吴江、青浦和周边的几个重要的要塞。要不是李总督麾下的程学启和他之间互存猜忌与口角，他完全具备了攻打苏州的绝佳条件。他仍然很焦躁，因为那些借他助剿的人很霸道，不顾他的尊严。但白齐文的口是心非和临阵投敌，显然更致命，让这位英勇的战士打消掉了辞职的念头。我们发现，几星期后，他又返回了驻地。

“9 月——戈登将军有很多的缺点。他傲慢，脾气坏，管不住自己的嘴巴，还没完没了地要钱，但他依然是一个军事天才。不管我对他说了什么，或者对别人说过他什么，我对他依然非常青睐，时常高看一眼。如果他不介意与程学启共事，并能暂时搁下那些可恶的欠饷的话，我们会更好地协作。真可恶！没有军饷，那些洋兵们什么都不愿意干，就知道吃喝拉撒睡，并且骚扰平民百姓。”

“9 月——我着令程学启暂时待在我的身边，不要去管戈登将军的事。”

“9 月——今天我给戈登手下的七千人马发了一个月的军饷。还给了他一千块的英洋。他都拿走了，他说要把这些钱给自己手下的军官们发饷。他是一个诚实的人，但是非常难相处。”

“11 月 28 日——昨晚攻打苏州城时，‘常胜军’第一次严重受挫。三百多名官兵阵亡，戈登将军死里逃生。但是，他还准备向苏州城发起最后的攻击。他让我阻止程学启干涉他的计划。这事我会照办的。”

“11 月 29 日——程学启明白，虽然他协助督办江苏的军务，但是他是决不能阻挠戈登攻打苏州的计划的。”

“12 月 2 日下午，今天太平军的慕王谭绍光（苏州太平军的主帅）在苏州城内被刺杀。这真是个大快人心的好消息，这表明太平军的这几个头目之间很不和。我们的诱降献城谈判，很快就可以启动了。今天，苏州送来了三千名饥肠辘辘的百姓到我们的军中吃饭。但是程学启凭着铁石心肠，把他们统统撵走了回去。得让太平军来背这个包袱。”

“12 月 6 日——献城谈判成功了。我下令，赦免太平军几个头目和他们大部分的手下。投降时间定在下午三点钟。据报，戈登曾亲自去城里拜会他们。我看不太明白，这背后有什么样的交易，是什么促使他单方面派人去谈判。程学启宣布了时间，他说戈登私下里和太平军头目达成了秘密协议,甚至还一直和卑鄙的白齐文保持着联系。他绕过统帅这样行事是不对的。但不管怎样,我是不会怀疑他的。因为,他劝说了白齐文再次叛变,主动回来投诚。"

在所存的李鸿章这个时期的文章里,他前后三次提到了戈登将军。一次是对杀掉苏州降将的简短记述;另一次写于 12 月 29 日,他说他代表了朝廷给戈登"一块头等忠勇奖牌"并赏银"一万两英洋","但是好像太平军将士的死,令他很受伤害,他傲慢地拒绝了所有的赏赐。"

李鸿章在 1896 年做著名的环球旅行时期,就太平军投降将领的死写了一篇文章,并把它交给了英国的媒体,目的是澄清自己当年和戈登不和的原因[①]。这篇文章写于 1863 年 12 月 8 日,事情发生后第二天清晨,原文于来自当天的日记。对比起来看,着实很有趣,因为在其回忆录的其他部分,也曾出现过那篇文章的引文。其日记的原文如下:

"苏州,旧的江苏巡抚衙门——今天,这座城市充满了血腥味。许久以来,这里一直是叛乱、饥饿的龌龊巢穴。但我此刻身在其中,感受到了久违的宁静。我们为朝廷打了一场伟大而光荣的胜仗。只需要再有一系列类似的大胜仗,就可以把这场叛乱彻底的镇压了。把那颗腐败、嗜血的头颅,从它邪恶的身体上砍下来。朝廷会对这次大胜仗予以高度的嘉奖,恭亲王接到了消息,一定会欢呼雀跃。我已经差人去报捷了。戈登,学启以及所有的官兵都值得褒奖。但这也是让戈登离职的良机,他越来越固执了。当他说起那八个被我处死的太平军头目时,好似在说他不幸的兄弟一般。"

---

① 译者注:有关这件事的始末如下,1863 年 12 月,戈登率领洋枪队配合淮军转战江浙,围剿那一带威胁上海外国侨民的太平军。在苏州城久攻不下后,以指天为誓保证对方性命的方式招降,使守城军内讧,兵不血刃攻占了这座太平天国重镇。事后不久,他的上级、身为江苏巡抚的李鸿章却借口诱杀了所有献城的八名太平军降将和无辜士卒几千人,将之前的招降协议弃之如敝履。戈登为此大为歉疚,提枪要与李鸿章决斗。本书所陈之前因后果,有为李鸿章开脱的倾向。

“昨晚，为了表示对太平军这几个头目的投降表示肯定，我召开了议和会议，并设宴款待了他们。我们放弃旧仇宿怨，握手言和的方式很有意思。为了准备这些菜肴，我花了不少银两。这是一场盛宴。席间笑语连连，觥筹交错，一片祥和。尽管他们曾经都是长毛贼人，我依然很高兴结识他们，但我犯下了一个严重的错误，没有派人把守东门。我的大战船停泊在那里。宴会结束之前，一大群亡命之徒，一些是绿营兵，但大部分是太平军将领们的部下，喝醉了酒，从东门涌了进来。他们造成了混乱，混乱带来了冲突和杀戮。我最先听到了吵闹声，起初以为是有人蓄意来谋杀我。因为我曾在很多营房里都遭受过刺客的威胁。我慌忙乘坐小船逃进了城。学启也成功地从闹事者手中逃脱了出来，跟着我上了岸。我立刻向遇到的军官下令，尽快调集部队，逮捕所有的闹事者。但是命令没有到位，我在船上看到的是我军失控的大屠杀场景。我将此事奏报北京朝廷，但是太后和皇上是无法体会到我们对于这次误会的悲痛。”

“同一天晚间——戈登将军前来指责我，说我蓄意谋杀了那些太平军将领。我反诘他，既然我们胜利了，为什么要密谋，为什么要费力兜圈子，只要下一道命令，用毛笔画上几笔，我就能办到同样的事。他没有回答我。但他侮辱了我，说会把他认为的我的背信弃义行为报给上海和英国的上司，公诸于世界。随他去吧，他这么闹又不能换回那些疯癫的太平军降将的命。他们的死，我并不感到难过，只不过为他们这么草率的死法感到惋惜。好歹，他们也都是些人才。”

“午夜——明天，一千二百名叛贼就要被处决。他们很多人是这三千造反者中最为邪恶的人。据最可靠的消息，他们中有很多人参与谋杀那些太平军的降将，而且他们也在找我报仇。”

“（没有日期）——我受到了朝廷的嘉奖，恭亲王说，择日我将被擢升。他向戈登和程学启表达了最诚挚的祝贺。我代表朝廷向戈登颁发了头等忠勇功牌，并犒赏他一万两洋银。”

“（没有日期）——戈登将军怒气冲冲地来找我。他又重复了先前关于太平军将领们的那套话。我不想和他争论，甚至也不想跟他解释当天的情境。因为该说的我都说了。他拒绝接受我给他准备好的一万两赏银，还发誓拒绝接受朝廷赏赐的功德牌。这是对朝廷的最大不敬，我要奏请朝廷，让他卷铺盖走人，另谋高就。”

第四章　与慈禧太后的关系

“1873年2月24日，北京——昨夜，同治皇帝的十七岁亲政仪式搞得隆重又喜庆(关于同治皇帝的亲政，李鸿章在他日记的其他部分，多有描述，且极富文采)。太后特差人命我进宫。她很激动地问我，遇到这么大的喜事，我是否已经准备好向太庙和天坛的献祭?”

“尽管我的官职比在场的任何人都高，但是，我的头比任何人都低。”

慈禧太后71岁画像

“我说：‘是，皇太后圣明。我在很多地方都呈上献祭，而且永远放在了臣的心里。因为太后您最清楚，自从臣到皇上身边，就非常乐意处理皇上交办的事情。’”

“她听到后回答道：‘是啊，李中堂，这些事情我都知道。也难为你，那么仔细。但是我现在要安排你办一件大事儿，一件我从不曾叫任何人办的大事儿。’”

“我将腰弯得很低，等候着她的交办。我不必下跪，因为特赐可站立听话(跪拜，指要把脸贴近地上的地毯)。我想弄清楚，太后是否是念在我的勇气和忠心的份上，让我去办一件秘密的事情。然而，也就是在同治皇帝亲政仪式的那个晚上，太后终于向我示意她有一个心愿，命我代她去圆了这个心愿。”

“我并没有问她，这个愿望是什么，因为我心知肚明。我热情洋溢且信誓旦旦地回答她说，我的命都是太后给的。我愿意为她赴汤蹈火，再所不辞。当时，她高兴地说：‘李中堂，我相信你会的’。”

“太后的肯定，令我心中大喜。因为她是个好猜忌的人，这段时间里她对自己最为敬重的满洲大臣也不会有如此态度。”

“等了许久，太后才问我：‘你了解嫘祖[①]么？’”

“太后这么问我，显然是多余的。她了解我的学识，所以，不等我回答，她又继续说：‘从这个时辰起，并且不得迟于两天后的此时此刻，你要为我在嫘祖庙前奉上一篇举世无双的祭文。李中堂，你面对最复杂的情势，依然气定神闲、口若悬河。所以，我相信，你知道该怎么办。也不用我跟你多说什么，你现在可以退下了，不过临走之前，赐你好好地看看哀家一眼。’”

“我抬起头，心中甚是欢喜。我真的为能看到太后的尊容而高兴。她已经从御座上起身。我知道，今天，她精心打扮过，穿上了精美的黄丝绸和黄金装饰的衣服，显得高贵而骄傲。”

“我看着她微笑的脸，说：‘圣明的皇太后，臣可以恳请说句话么？’”

“她应准了。”

“见到太后穿着嫘祖娘娘所发明的衣冠，臣将写出最圣洁、最典雅的祭文献给嫘祖。”

“我相信，我的话，一定让太后龙颜大悦。接着，我就退下了。”

---

① 译者注：这里指的是每年春天由皇后主祭的“亲蚕仪式”。农耕与蚕桑是中国古代社会赖以生存与发展的最主要的生产，古人把传说中发明养蚕缫丝的嫘祖尊称为“先蚕”。按男耕女织的社会分工原则，自周朝始，在国家祀典中，就已确立了“天子亲耕南郊，皇后亲蚕北郊”的祭祀格局。祭祀先蚕神嫘祖，由皇后主祭，是“亲蚕”，也称为“亲桑”。慈禧为太后，有心祭祀嫘祖，但又不能逾越规矩，故请李鸿章代之。

“所以，今夜，我去了嫘祖庙，把祭文献给我们女性先祖的杰出代表。她首创了种桑养蚕之法，抽丝剥茧之术，泽被后世这块土地上所有的贵妇人，并养活了千百万相关的从业人员。”

“我坐着轿子来到嫘祖庙，随同前往的只有家府中的一位师爷。到了那儿，我下令所有的香客必须马上离开，一个半时辰之后方准入内。许多香客已经在庙里待了好几天，因为他们在等待一年一度的庆典活动。”

“师爷把我的命令转告给服侍住持的一个小沙弥。不一会儿工夫，寺庙的住持来到门外要求见我，他对这个命令既局促不安又很惊讶。”

“老衲不敢相信，竟是中堂大人屈尊亲自来拜谒嫘祖娘娘。师爷方才传的话，我还以为是听错了。如果大人想肃清寺院，我立刻去办，但是，大人能否向老衲告知一下出此命令的原因？”

“不能！我回答，你领命就行了。”

“听到这话，他立刻退下，口中含糊地连连道歉。但我知道，他心中定有不悦。而且，我敢肯定，他一定被我的命令给惹怒了，愤愤不平。我听说，这些天，天天会有很多的人来嫘祖庙祭拜，撒了不少的香火钱。而就在这个时候，有小沙弥告诉我，住持正在寺院内的某处款待他的亲朋。”

“不管他怎么想，显然命令很快就生效了。朝拜的人们迅速从寺庙里走了出来，各自回家，或者站到外边张望。期间花了很长的一段时间，足以考验一个人的耐心。但是，假如对于一个把宝贵时间浪费在无所事事上的人来说是非常快的。之后，住持回到寺庙大门外的入口处，向我通报，寺内已经空无一人。”

“我向寺庙门口走去，知道他说的是实话。于是，我走进去，关上身后的大门，来到神圣的嫘祖娘娘塑像前。”

“我在塑像前待了不到一个时辰，独自一人，没有干扰，带着太后的懿旨，祭祀着这位美丽的养蚕治丝产业的鼻祖，黄帝的妻子。在半个时辰里，我代表太后致谢、祷告和赞美，其余的时间我以我李鸿章自己的名义拜祭，我把自己说过的所有话都牢记在心，因为我说的绝不是泛泛之语，而是肺腑之言。普天之下，许多热爱她的养蚕治丝技艺的人们，因为她的发明而变得美丽富足，他们都是嫘祖的子民。”

“我从嫘祖庙再次返回皇宫，时间已晚，只能到紫禁城外。然后，从那里直接回到自己的府邸。”

李鸿章府邸的正厅

我们发现李鸿章在第二天的日记里写下了这样的一些话：

“我被嫘祖庙住持的行为给激怒了。这个爱管闲事的小人，据说已经把准备布施的礼物和钱财都据为已有。这是对我的大不敬，我不打算放过他。住持的多嘴多舌和不恭的态度，并没有干扰到我昨晚的拜祭。因为我代表的是皇太后，而他冒犯的是我本人，不是太后。但是今天，当我准备向太后呈现祭文，突然想起来了这个小人，影响了我的心情，妨碍了我的发挥。我表达的内容对自己来说，太过于平淡，即使本来有好的想法，都无法轻易地在纸上写下来。”

“2 月 26 日，未时——成功地完成一件事，总让人产生心满意足的感觉。不久前，住持来拜见我，请我不要革除他的职务。我告诉他，他的事情与我无关，我可不想被这种小人的琐事所羁绊。他走的时候，声音里带着哭腔，说他不会回来了。他来之前，应该了解清楚。因为我向朝廷奏请弹劾他之后，他就应该从此改头换面，以便能由我来保举他的职务。”

“2月27日，今天，我面见了皇上和皇太后。年轻的皇上，如今已经成年，我希望他能有所成就。而当他回想起自己的成长历程时，能倍感欣慰。我相信所有的帝王和其他人一样，时常假装蔑视一切世人，都希望世人认为他们已经长大，并足够地权威。”

“太后驾到了。她还穿着三天前交给我不寻常任务时所穿的那件漂亮的衣裳。她解释说，这是对我代她拜祭嫘祖表示感谢。几个时辰以前，一份主要由我所撰写的祭文被送到了太后那里御览。祭文写在很久以前，由师爷装裱的帛书上面。”

“太后高兴地说：‘中堂大人，这是你亲手所写的么？你是怎么能写出这么漂亮的文章的？’”

“皇上笑了笑，但没有说什么话。”

“我是这样回答太后的：我不敢说这篇祭文全是我写的。因为实话实说，我是代太后祭拜的，所以我告诉她，祭文是属于太后老佛爷您的。我是受了太后的启发，把太后心底的东西表达出来而已。它体现了太后个人的思想。”

“‘太后圣明，’我说，‘最卑微的下臣，是在很短的时间里献上自己的祭文的。如果太后恩准，臣想恳请太后赐予臣这份荣幸，将我这篇微不足道的祭文呈献给太后。太后老佛爷献给嫘祖的语言，文彩锦绣，口若吐兰，相比之下，为臣的文笔不过是私塾学生一份拙劣的尝试罢了。’”

“中堂大人，你的一片忠心，天地可鉴。太后说，把你自己拜祭嫘祖的那一份，也呈上来吧。我倒要看看是否和我心意一样有趣。”

“我随身携带了一份，不过书法平常，誊写在宣纸上。我一边道歉，一边呈现给她。”

“但是她只是扫了一眼，就交还给我了。”

“中堂过谦了，她说，你还是用皇家御用的丝帛书写，再呈给哀家。”

下面这段文字，完全没有日期，但显然是几个星期后，李鸿章在他天津衙门里写的。这篇文章被密封在一个铁盒子里，里面还有许多其他的文章，所有的都是关于皇帝成年后与太后执政密切相关的人和事。这篇文章写在很沉的银纸上，因为反复折叠，破损得很厉害。因为经常翻看，脱落了很多处，有几行甚至缺失了。很显然，这就是李鸿章呈送给慈禧太后的那一份①。她将其归还，意在说明，李鸿章是十分谦虚的，他写得很好。

我们发现一个很有趣的对比，这份银纸手稿的文章，在本质上是纯文学和宗教的作品。某种意义上，主要是凭借作者个人的兴趣所作。在当时或者接下来的几年内，手稿上经常有触摸的痕迹，说明作者很喜欢这篇文字。而相比之下，很多具有重大政治意义的文件，都是干干净净，没有弄脏，说明对那些官样文字，李鸿章根本不屑于一看。

A HUMBLE MAN'S VOICE

To Thee, O Ancestor of the Silken World,
a humble man, with face to earth,
which thou didst bless and make glad,
asks of thee in all the humility of
his soul to hear his prayer of praise
and petition.
To Thee, O Ancestor of a Noble Work,
it is not given that thou shouldst
hearken unto my words, for in the

① 译者注：文中提及两份祭文，一份是指李鸿章为慈禧代笔的，一份是李鸿章以自己身份拜祭嫘祖的那份。这里指李鸿章以代慈禧所写的那份祭文。

celestial world of the Seven Springs
a million millions of them that drew
from thee on earth the breath of their
souls and the food of their bodies are
now thy meekest servants and subjects;
and the voices of their praise must
ring so loud and sweet to thine ears
that these rough words of mine are
but as jarring sounds of discord.
To Thee, O Gladsome Queen of a Gladsome Art,
it cannot be known that one so poor
and miserable as I doth even in thy
loved land exist, much less that thy most
degraded petitioner did in all his days
honour and praise thy name, sing thy glories,
pray for them that prayed to thee, thought
by day and dreamed by night of all the
vast goodness thou didst bestow upon
this Flowery Land.

But, O Transcendent Lady of the Ancient Sin,
I, thy miserable petitioner, did, when
a boy, labour among the trees of the
mulberry, feed with tender care the
creatures thou didst teach to spin,
threaded from their shells the divine
gleams which thou taughtest to produce,
wove with mine own hands the silken

strands of thy invention, and made into
great widths and breadths the shimmering
fabric which is the glory of the world.
Yet, O Yuen Fi, Goddess of the Golden Weave,
all, all the words of this most humble
man are true; as true as ever lowly one
did vouch to speak to one exalted high.
And now, Yuen Fi, Lady of the Blessed Silk,
I crave that thou wilt think of me in
thy celestial sphere; that to the holy
ones forgathered there, thou wilt but
speak a kindly word and say that here
upon the sordid earth, which thou alone
didst beautify, there lives a humble man of
poor renown, who, in all the hours of all
his days did strive and toil by sweat of face
and tire of brain to do thy bidding in the
silken fields; who, ..
[Lines obliterated]
My prayer, O Heavenly One, O Goddess Rare,
though I would speak to thee the whole
night through, in pain I do make brief;
for well I know that in that High Beyond
this voice of mine can hold no charm.
But now again of thee I fain would ask

that in this hour of darkest night a
newer blessing thou wilt give to all that

work in arts of thine; bless them that harvest in the fields, bless thou the silkworms' rounded home, bless them that toil at factory loom, bless them that mart thy precious weave, bless them that sail the far salt seas and take thy goods to foreign shore; bless them that on their bodies fair—inIndies and the far beyond, the lands of Europe and the West, in every isle, in every clime, in cold and heat, in shine and rain, in mountain home and valley mild, in palace rich and humble cot, — where'er, O Mighty Sun-Loved Queen, thy name is thought or heard or sung, send down thy blessings like the dew

译文：

伟大先人——嫘祖颂

煌煌嫘祖　辅我玄黄
胄衍祀绵　岳峨河浩
聪明睿知　光被遐荒
诚福尚德　高颂无疆
懿维我祖　命世之英
兹从天佑　代代永享
昭告圣命　拜服祈祥
九州七泉　万年流长
仁爱乐土　母仪我邦
於维圣神　挺生邃古

劳彼桑林　慧而结丝
哺育生灵　如孕神物
手致以巧　乃有绸出
继天立极　开物成务
功化之隆　惠利万世
抚育黔黎　彝伦修叙
生多福恩　不忘而报
机杼相承　转贸遐迩
五洲四海　巨川静谷
印度欧美　殿廷寒牖
普天之下　皆被贵泽
井井绳绳　至今承之
今多患难　再求永佑
保我生民　再沐辉润
惟祖英灵　似水绵长
惟神昭鉴　佑我邦家
永祚如阳　来歆尚飨！

而根据宫廷史料所记载，《嫘祖颂》[①]系太后本人所撰。此外，由于慈禧太后非常重视自己的文学能力，朝野上下也同意这个说法，所以没有人会怀疑慈禧是《嫘祖颂》的作者。

可以肯定的是，尽管李鸿章生前费尽心力地下令印制和传播《嫘祖颂》，但是他从没有在公开场合表示过他才是其真正作者。在他下达的

① 编者按：李鸿章在他日记的显著位置，曾经三次提起他亲自下令大量印制并广泛传播慈禧太后老佛爷优美高雅的《嫘祖颂》，目的是想让大清国每一个子民不仅知道嫘祖，还要知道关于嫘祖的故事。她创造了养蚕业，并为人们所钟爱，发展了丝织产业，鼓励养蚕织布，并用以富国安民。这三篇文字是李鸿章荣升到了清帝国最高的文官官职——即四大学士之首的文华殿大学士之后，几年时间内写的。

命令文告中，这样写道："（这是）活着的最伟大的女性写给先祖中最荣耀圣洁女性的不朽致言。"

尽管我们做了严谨细致的研究，并仔细翻译了李总督的全部日记，查考了包括大量现已出版的文件、信函和其他资料。除了先前提到的、为慈禧太后代笔的那篇之外，并没有发现李鸿章有其他关于嫘祖的"祭文"或"颂歌"。

显然，毋庸置疑，李鸿章是《嫘祖颂》的真正作者，所以在这里把这篇文章呈现出来，是相当适宜的。此外，研究者和译者没有在李总督的文字中找到《嫘祖颂》的复制品，这是一个孤本。通过进一步研读，我们认为，把《嫘祖颂》译成英文可能要占到十至十二页的篇幅，所以将其缩略。这是个不算严重的瑕疵，在中国，这是一种通行的做法。

然而，对于中国包括欧美的严肃学者们来说，特别是在东方学者宣布《嫘祖颂》具有很高价值之后。他们觉得，应该据此文，对我们的传主做出更新的评判：即作者李鸿章不仅是以为杰出的政治家、外交家和当时中国最富有的人，而且他还是一个中国的文学家。他的不懈努力和极高文学造诣，也注定让他位列于那个时代最重要的文学大家之列。

第五章　在大饥荒时代

“1877年11月30日。没有人打心底希望今年的饥荒会再闹一次，即使他恨自己以外的所有人。如果我能再活上几十年，我会努力将华北和西北地区的饥荒和绝望，从我面前一扫而空。有多少人正在横遭饥馑？朝廷至今还不能掌握灾情的详细情况，但是据我初步的了解，我估计在这次大灾难中至少有七百万人因缺少粮食而活活的饿死了。”

“在这种糟糕的情况下，人们翘首以盼，期待着朝廷官员前来救灾，或者希望拥有巨额财富的地方士绅，能够为许多行将饿死的人开仓放粮，赈济灾民。即使每隔两三天吃上一顿小米或者青菜，人们也能因此得救，活下来。如果坚持的时间更长一点，更多救援的人一定会赶到。”

“在这种艰难的年岁里，只要我还能承受，我将尽可能地敞开我的钱库去购买赈灾粮食。但即使如此，我能买来的食物数量也非常有限，就像用一小把谷子去喂养一大群的飞鸟。不过，不久前传来一个好消息，让我稍稍得以宽慰：在这几个月里，有几千个灾民因为我的慷慨救济而勉强能吃饱肚皮，活了下来。我手下有人向我报告，天津卫有一两千人靠我所赈济的玉米和青菜活了下来。同时，我的人还在努力救助附近村庄里的人们，近五千的人口。我母亲是一位名门闺秀。她从一个从不知匮乏为何物的家庭里走出来，并未遭受过饥荒灾苦，却积极鼓励我积德行善。她说佛祖和穷苦人是不会忘记我这份积善行德的义举的。”

李鸿章自己用诗歌记录下了那段灾情：

THE SAD SIGHT OF THE HUNGRY

T WOULD please me, gods, if you would spare
Mine eyes from all this hungry stare
That fills the face and eyes of men
Who search for food o'er hill and glen.
Their eyes are orbs of dullest fire,
As if the flame would mount up higher;
But in the darkness of their glow
We know the fuel's burning low.
Such looks, O gods, are not from thee!
No, they're the stares of misery!
They speak of hunger's frightful hold
On lips a-dry and stomachs cold.
"Bread, bread!" they cry, these weary men,
With wives and children from the glen!
O, they would toil the live-long day
But for a meal, their lives to stay.
But where is it in all the land?
Unless the gods with gen'rous hand
Send sweetsome rice and strength'ning corn
To these vast crowds to hunger born!
For months the awful famine beast
Has roamed the lands both North and East,
And smiled as he on landscape read
The gruesome figures of the dead.
His black claws clutched the stalwart man,
The very headmen of each clan,
The elder sons and younger ones,

Nor e'en the baby's cradle shuns.
In all the fields along the road.
In each and every mean abode,
He stops to grin in hellish way
At famished forms turned quick to clay.
The greater are the awful pains,
And if the tears do fall as rains,
This monster demon smiles the more
While passing by each hungry door.
He crosses now the bone-dry streams,
And listens to the frantic screams
Of those who on the mountain high
Are doomed this awful death to die.
In valley and on sandy plain
The beast appears, again, again!
In city and in village street,
Where'er you go, the beast you meet!
A million now have bowed to him,
This famine monster, black and grim!
O, gods, we ask, remove the brand
Of this vile demon's bony hand!

译文:

惊见饥馑哀鸿而歌

天不见,人被饥馑哀如鸿。
天不见,众瞳黯然为食伤。
荒村犹听妇孺哭,
未得米粟救饥肠。

初闻落尽男儿泪，
再闻恨断病沧桑。
魃兽猖狂行北疆，
又复去往东南方。
龇牙嗜血吞所见，
无分婴弱与野氓。
苍天不忍秋泪雨，
接踵顿仆向九泉。
鬼风卷地触皆死，
市集乡街一扫空。
伏尸百万犹嫌少，
诸魔黑魅残无声。
我呼上宰怜悯开，
斩其爪牙泯其灾。

第六章　立志献身农业

在厚厚的日记中，李鸿章有四十几处提及了农业。他说，从国家利益角度出发，中国必然要十分重视农业和农耕技术。尽管他总是强调，文学是至高无上的事业，但是他还不吝用大量的笔墨和言辞来称颂自己在农业经营的成果，而不是在文学上的成就。1879 年，李鸿章尚在天津时，总结了自己的在这方面全面的看法，他写道：

"朝廷里的一位同仁在阅读过我写给神农氏的献词后说，我骨子里是一个村野农夫，而不是一介文士，他告诉我，因为在读这篇赋词之前，他从未见过谁对伟大的神农氏有如此高的评价（他说话的口气很认真，不像是在刻意恭维我）。但是他继续说，如果我一心一意想要为写文章而写，是根本写不出这么优美的颂文的。他想知道，我为何要把孔孟抛在一边，却去关心农家事，为神农作文章。"

"听了他这番话，我其实很开心的。我继续跟他解释说，真正的文学家并不需要关注文学本身，因为文学的最终目的，是以大脑和笔墨纸砚做工具，歌颂那些自身无能或者无闲开口的农耕生活和人类艺术。"

"我们就进一步探讨了相关的问题，我跟他解释说，伟大的思想家和文学家精心呵护他们不朽的著作。如果我只是跟风，试图抬高他们的声望，不仅重复劳动，浪费时间，还会惹恼这些人和他们的拥护者。因为，他们会认为我是一个不入流的文人。但是说到伟大的神农氏，却一直为文人们所忽略，大家怎么能听不到有人大声赞美他，怎能无视神农氏那随处可见的美好恩惠呢?”

“他点头满意而归,我却心生点遗憾:因为他带着愉悦的心情读完了这篇赋词,却忘记了评论这篇手稿的装裱。它是用卷轴装裱的,并且精心绘以色彩(足有八种色泽之多,乃是直隶省最好的画师们装帧而成),我把它们一幅幅都挂在墙上鉴赏。”

“我把这篇文稿抄写了好几份,而且今日晚上,我要把这篇我引以为豪的作品读给我的家人听,这会让我倍感快乐!”

李鸿章全家福

在现有手头的资料中,这篇被称作《神农颂》的赋词并不见原稿[①]。我们只是在天津和广州发现了它的几种不同的抄本,每本上都标注着日期,却都不尽相同。其中有一个用行书所抄写的版本是在广州被发

① 译者注:神农氏为我国上古神话时代的最后一位神祇,他教会人们认识百草五谷、豢养家畜、种地稼穑等等。因此,古代王朝历朝历代一直都有拜祭神农的传统。

现的,所署日期为1869年10月12日,比他前面那个长篇大论的诗歌的日期,要早了近十年。这个版本的诗歌内容如下:

MY SHEN NUNC TRIBUTE

(Written by me from my Proud Heart)
When I sit down and reflect,
And let my mind and my soul tell me of things so true,
I know that thou,
Most glorious and sublime Shen Nung,
Art the great helper of our people;
The wonderful provider of the world;
The hope of them that have not mines,
Nor great stores, nor forests of hardwood.
But all our wealth comes from thee:
All the funds of our banks.
All the strength of the Government,
All the force of our national progress,
All the muscle of our people,
The beauty of our women.
The hard sinews of the workers.
The strong brain of the banker,
The level head of the statesman,
The shrewdness of the diplomat.
The right arm of the Throne.
(There must always be good blood there.)
We work in the fields:
In the rice,
In the millet.

In the corn,
In the poppy. (The poppy is wrong.)
We work in the vegetables,
In the grain.
And all that is good for man.
But't is not for their sake alone,
'T is that by bringing them to fruition we raise
A Nation,
A People,
The Middle Kingdom!
And when we do this
We are pleasing the Ancestors.
Shen Nung,
You did not teach us mean arts.
You did not show us the way to cheat our friends,
Our brothers,
Our townsmen,
Our officials,
Even our enemies.
You did not tell us that we should live by sloth,
Nor smart games.
Nor subterfuge.
Therefore,
This day, when I am called to go to the North,
When vast affairs of state speak to me.
When some might think I should be preparing for my journey,
I am here saying these things

To Shen Nung.
Even when I was a little boy,
When my father laboured.
When my mother scolded.
When there were mean times in the village.
And I was almost tired of living;
I thought of thee, Shen Nung—
And the green grain thou gavest,
The yellow corn so rich in bread,
The nodding wheat that gives colour to the blood,
The vegetables that give strength to the bone.
You taught us all these things,
You made them ours,
You made them beautiful, and gave them to us.
You bade our land be fertile, the soil in which they grow.
Because you smiled, the winds blew fair,
The sweet rains came like drops of glory,
The sunshine did not hurt,
The moon told the crops to keep growing,
The stars blessed each head of grain.
The dews dropped their blessings
On the corn and the vegetables.
And made them glad,
For the people's sake.
You taught the golden sun to shine,
The night to be cool and refreshing,
The air to be sweet and to soothe,
The trees to hold back the storm,

The grain to bow its heads to meet the blast.
I see in your art,
Shen Nung,
The message of ages,
And ages of sweet thinking.
I see your blessings conceived.
Increased, and multiplied.
I feel the countless hours of thought you have given
To make something
So grand and glorious for the world.
You did not sleep.
You did not rest.
You did not tire,
You did not stop,
Until all this
Was ready to be placed upon the head of man
For his everlasting blessing.
As though you had spun
The finest silk
And hung it there—
A rainbow!

译文：

神农赋

（余诚惶诚恐而献作）
大哉兮我神农，皇哉兮伟功绩。
吾拜服而称颂，知物兮有民粮。
伏羲，伏羲，创农始而解饥馁，

垦洪荒兮百草尝。
营地利兮，耕土而为田，
固长源兮，凿地而为井，
居有恒兮，台榭而为房。
播五谷兮以足食，
织麻衣兮以蔽体，
筑牖户兮以安居，
省猎生兮而畜养。
兴百工兮，折木以为耒耜，
磨石以为斤斧，利器以为拓荒。
遵天时兮，
昼审寒温序季分月，
夜观星宿定旬立节，
春耕夏耘，秋收冬藏。
创百艺兮以悦民生
作琴乐兮，和五音以调人畅。
造土鼓兮，截竹苇之龠龠，
始磬鼓以重器，建五音而吟唱。
设腊祭兮，颂扶持之昊乐，
通神明之玄德，慰天地以和祥。
观今兮财资，
罔不肇事于煌祖。
仕女、百工、缙绅、巨富
罔不怀恩以农皇。
兴货殖，贸物资，
于彼五谷兮丰昌。
米、粟、麦、黍、稷、菽
百蔬备，万益开。

市集兴兮,正农咸安其道,
务本货通食足,通变财生货繁。
国朝固本,兹有神农。
神农炎皇,上德唯汝。
开衣食之源,肇文明之张,
功垂千秋青史,德昭万世文章。
吾当承前而后作,
延祚兮懿扬。
吾当戴德以自强,
续世泽兮行刚。
念余兮彼幼岁,
多承难兮踌躇,
每每念余神农祖兮,
振余兮筋骨以涉长。
使日月兮有光,使中华兮无量,
天河熠熠兮,星辰梭转,
华夏浩浩兮,人籁光昌。
持艺于手兮,导尔志教化民,
赈贫穷惠孤寡,优羸弱立贤良。
百世而后,神农之灵
永无休憩,永无长眠,
永无嬉恬,永无止息,
正仁德而通神明,
惠生民而避灾疡。
如锦绣贯穿空兮,若长虹垂天。

进入北京之前,李鸿章在日记中又一次提到了先农坛(地坛)。他曾经去过先农坛祭祀,因为我们发现了这样一段描述:

“过几天，我又要北上，商谈外交事宜。今天，我忍不住要向伟大的神农献祭。”

“昨天，我召集了将要带去祭拜的人。今天，我们要在先农坛里亲自耕种。朝廷上下以为我接到圣旨后会立刻动身，但先农神并不只是属于圣上。他惠泽天下百姓，恩及四海，我必须为天下百姓祈福，祈求风调雨顺。”

“去年的这个季节里，我为宫里太后和圣上献上了一篇纪念文章。字里行间充满了诗意，同时我还写了一篇赋词，我希望它可与孟子的文章一样，能够流芳百世；这两篇文字都是献给先农神的。我希望有一天，四面八方的学子都可以读到我这篇词赋（这很可能指的正是《神农颂》）。”

“有些人可能要说，是因为我的身份，今天才能从东门[①]进入先农坛的。是的，我承认也许是这样，不过作为朝廷一品大臣，我有责任做出表率。”

“一个男人没有婚书却强抢他人的女儿是错误的，作为朝廷大臣，如果做出此类事情，更是错上加错。因为其他的官员都在看着他，百姓也关注着他。他的行为很容易被其他人效仿，乃至于破坏法纪纲常。”

“此外，普通老百姓经常会为此议论纷纷：难道当官的犯的错不比我们这些小百姓更大吗？难道官员不比窃贼盗取的更多吗？我们不是经常可以听到紫禁城里的丑闻，而很少听到市井里的丑闻吗？”

“我们知道，所有出身卑微、一穷二白的人，会以谈论那些地位高贵的人为乐。我看来，即便我们没有亲耳听到，也同样清楚，事实就是这样。老百姓向总督、钦差大臣或层层级级的官吏叩头，或许，只是因为别人在他们耳边说了一句这是‘中堂’、‘大人’甚至提及‘皇上圣明’，他们就感恩戴德。但灾民把‘皇上圣明’说给一个办事的小官吏去听，却会被认为是愚蠢的行为。不过，这些灾民还真是会这么做，只要办理赈

① 译者注：按照清廷规矩，只有皇族才能从宫城的东门进入。

灾事务的官员，往路上丢下哪怕一枚铜钱，那些灾民就会边说‘皇上圣明’边伸出脏手去抓。”

“因此在我看来，出于这样或那样的原因，如果文武百官（官职越大，品行越好）在列祖列宗面前、在公共场合表明他们的爱国精神时，或者振振有词地宣讲大道理的同时，得对外表现得非常谦恭（如果内心是真诚的），并踏踏实实是为老百姓们做出一些实绩来，这才是最精明之举。”

“如果一个贩夫走卒公然谴责祖先留下来的神圣思想，他只是会挨板子，或者，最多把他那颗可怜的头颅砍下来，钉在木桩上以儆效尤。这么做没什么大不了，也无关紧要，因为路过的人是不会去打听这个家伙的姓名的。”

“可是你们瞧！一个地方的巡抚、一个大省的总督，也胆敢亵渎传统！他一定不会遭到任何皮肉之苦，并且常常能保住官位，因为他在地方上的势力很强，权势很高。可是，他亵渎的言语正像是平地一声雷，整个城市，每个角落都能听见他说的话，每家每户都在问：这是为什么呢？很快，人们就心知肚明，这个有权有势的人，正在公开反抗曾经被公认的权威。于是很多无知的人，甚至那些更聪明的人，也会迅速接受这位大人的言语。一个人对另一个人说：‘哈！我也一直这么想，现在巡抚大人也这么说了，我就知道我是对的，因为他见多识广、位高权重。’”

“这些事，我认真考虑了很多年。随着我的官职越做越高，我知道至少有必要非常关注自己的一言一行：不仅不能给流言蜚语制造者们提供机会，同时还要认真地奉公守法，入乡随俗（并不是我的特别身份要求的）。这些都是我的职责所系，我要让人们了解那些事情和规则，并更加尊重历史和传统。”

“是的，就像我曾经说过的那样，我去先农坛，并不只是表面奉行。我认为我的内在感受——对神农本身的热爱，加之身居高位的责任感，促使我有了更强烈的动机，一定要即做好祭祀。”

下面这行话，显然是在一段时间以后写的。不是在重读整篇日记之后，也是在重读了上面那一段文字之后，由李鸿章自己添加的：

“如果能把我自己所有的官方和私人行为，都记述下来该有多幸福啊！”

第七章　反思中日甲午战争

作为此次事件[①]的头等议和全权大臣，李鸿章在赴日本议和期间，写下了许多篇日记。在中弹负伤后，他甚至躺在病床上，向随行人员口述谈判的进展，以及种种利害关系。带着伤病议和，在病房内，继续与日本人争执得不可开交。然而，回国后的几个星期，他却没怎么提笔记述议和的事。

这位在世界政治界被公认为最精明、最成功的外交家之一的李鸿章，回到国内后，便遭受了朝廷的冷遇。尽管他努力为大清朝挽回了颜面，却被几百万无知的同胞所痛恨和唾骂。他们痛斥李鸿章为“卖国贼”，说他卖国求荣、辱没国体等等。

回顾往事时，李鸿章在位于天津的直隶总督衙门里这样写道：“人入晚景，行之不久了，却还要为种种烦恼和卑劣的流言所困，着实是可怜。如果大街上的流言蜚语，可以像草纸那样拢成一堆，化为灰烬，我也就根本不用担心肉体和内心的伤痛了。不管怎么样，我不会对自己

---

① 译者注：1895 年，在中日甲午战争战败之后，李鸿章作为议和大臣之一，赴日本与其首相伊藤博文讲和，并最终签订了丧权辱国的《马关条约》。条约除了更多开放口岸之外，赔偿日本两亿两白银的赔款之外，还割台湾澎湖以及辽东半岛给日本。李鸿章虽然在谈判中力争，但无奈满清暗弱，只得以屈辱告终。期间，他遭遇日本一位企图阻止停战谈判的浪人青年行刺，脸颊遭到枪击，却侥幸免于难。

《马关条约》是继《北京条约》以来，侵略者强加给中国最刻毒的不平等条约，它使日本得到巨大的利益，也满足了帝国主义各国向中国输出资本的愿望。条约签订后，由于俄、德、法三国的干涉，日本将辽东半岛退还给中国，中国付给日本“酬报”银三千万两。

1894 年，中日甲午战争爆发

的所作所为感到丝毫的后悔。甚至，我有权利对自己为朝廷为国家所付出的努力，而感到骄傲。”

“昨天，从京城回来后，我极度痛苦。因为太后面见我时，处处表明了她那极度无礼的个人好恶。看到了条约的细款，太后、皇上，还有那些该死奴才们，个个却像是自己蒙受了巨大的委屈。既然如此，朝廷为什么要派我去做这样一件吃力不讨好的事情？一个已经被人打倒在地、一败涂地的男人，就算他的肩膀再宽厚、身体再强壮，他也无法命令对手就范！我们大清国就是这样的男人，它需要达成怎样的屈辱的条款，才能有机会站起身来，以图后报？”

“如果动动嘴和挥挥手，就可以打赢战争，那么，朝廷和总理衙门也就不需要大炮和士兵了。也许，我不该对朝廷和监察御史过分苛责。不过，确实是我的极力去争取，才让朝廷在马关谈判中不至于丢尽老祖宗们的脸。”

“但是当那个吵吵嚷嚷的无耻之徒，都察院的监察御史安维峻[1]向朝廷控诉我时，我实在怒不可遏。这个人对太后来说，其实一点价值都没有。他只会清议，既不会带兵打仗，也不能做议和大臣。他这辈子就知道收受贿赂。如果我再年轻几岁，精力再充足一点，我会严厉斥责他：安维峻，你这个无知的竖子，卑鄙小人！”

“我想，其实太后心里很清楚，我在所有这些不幸的对日事务中，一直以来所秉持的立场。我相信，太后会把我放在她内心深处一个正确的位置。有些人不在乎后人怎么评价他们，但我在乎。为了帮助国家，我付出了多年不懈的努力。我可不希望去忍受子孙万代的责难。我只希望他们能认识事实，把我当成一个为国担忧、救民于水深火热之中的忠臣义士。一国战事的成败，乃举国之责，不是我个人的努力所能左右的。”

“我从天津的英国朋友那里获悉，西方国家里，几乎所有的洋人，都责怪我与日本人交战。日本人是怎么想怎么说的，我并不是很感兴趣。在最近的十年来，朝廷和欧洲之间来来回回的消息传得太多了，那些记者们写下了很多的消息，都是捕风捉影，并非事实。大洋彼岸的编辑和报馆照单全收，除了记者胡造瞎编之外，得不到更多的新闻。因为他们自己的公使馆不会发出正确的稿件，而导致了全世界对大清留下了错误的印象。”

“有人说，这次战争的罪过主要在我。正是我积极倡议发展现代陆军和海军，中国才会被卷入到这场战乱之中。这简直是一派胡言乱语。可恶、卑劣，无耻之极！”

“我在北京的政敌，从国外敌人的间谍那里得到一些内幕消息，于是就宣称是因为我鼓动朝廷备战，才招致了洋人，特别是日本人的敌意。这简直最卑劣的逻辑！如果给钱庄安上铁门，或者在当铺的窗户

---

① 译者注：安维峻，光绪六年庚辰科进士，曾任翰林院庶吉士，时任都察院监察御史。甲午战争期间，他曾上书《请诛李鸿章书》，抨击李鸿章在战争中的失职，要求朝廷斩杀他以谢天下，此文震惊朝野。

装上一个栏杆，我们谁能说这是在引诱强盗和窃贼们闯进门来抢劫吗？我们难道会责怪一个家里满是贵重玉器、古董瓷器的人，为房子砌上高高的院墙，闩上厚门，以图晚上能睡上个安稳觉吗？一个男人看见一队陌生人推着车经过，便站在稻田边上看，手里紧握着棍棒，我们能断言他就是在防备这些人进来搞破坏吗？或者不如说，我们是否还会赞扬这个为了防止田地遭破坏，而奋起保卫自己的人的态度呢？然而，我早已习惯了官场上的那套玩法，时时刻刻都要防备着用各种理由栽赃嫁祸的危险。”

甲午战争清廷大败，图为被日本人俘获的镇远号

“事实上，我对举国上下，大江南北，对伊藤伯爵、庆亲王，甚至太后和朝廷，都已经明确表明了(对战争的)态度。更不用说对那个卑鄙无耻、贪赃枉法的安维峻。本来，我再也不会跟这个轻浮浅薄的监察御史说什么了，以免玷污了我的口舌。二十二年来，我一直反对与我们的邻邦岛国交战，极力避免任何军事冲突。去年的二月初二、初七和初九这三天，我还在极力劝阻朝廷下令与日本仓促开战。最后的那一次，我的劝谕，惹得皇太后勃然大怒。而大发脾气的太后只不过想让我知道，在朝廷的对外关系方面，是我重要，还是皇上重要。”

“我当然没敢认为是我重要。这个问题现在毫无意义可言。在那种危急的条件下，我们所讨论的大多数问题，以及作出的大部分声明，都是毫无价值可言的——战事压倒一切。太后只不过担心我会拥兵自重罢了。再说，我已经带了这么多年的兵，要么下达命令，要么服从命令。怎么会不知道兵权这东西为何物呢？”

“我在江苏时，在曾大人手下供职不到两年的时候，曾大人就开始对我大加褒奖。博闻广识且善于带兵的曾大人评价说，我这个人非常机敏，不仅知道服从命令，而且在思想和行动上，可以完完全全地按接受到的命令行事，根本从来没有拥兵自重的情况。”

“今天，我头痛得很。是因为我写得太多了，也为那个老而不死、老而愚蠢、十分可恶的监察御史多虑了。我希望列祖列宗不要放过这个毁我清名的罪人，我做鬼也饶不了他。”

“我还担心最后这杯茶不太好，口味不适。但管家坚持说，这是最好的雨前茶。如果是这样，我想，我最好还是喝原来最爱喝的小种红茶吧。”

“一个美国人来府上，给我捎来了一封美国公使科士达先生的信。”

“申时(下午三点)。——我以为这个美国人拿的是介绍信，他是要来这里采访我的。我相信他是一名记者。然而，他此行的目的令我有点意外的开心，因为他捎来了科士达先生的亲笔书信。而且他说，从有识之士那里得到的意见、总集和报告表明，我们的条约(产生的国际反响)，要比预想的要好很多①。”

“这个消息，着实让我这一把老朽之身喜不自禁！我应该把这个好消息迅速散播到举国各地，特别是京师的圣上。我相信，南方人随后就会知道。他们总是很快就知道一切②。”

科士达国务卿先生的信函，经过清廷的印刷，很可能被李鸿章有选择性地发放到一些地方。其中一些复件，可以在他的其他公文资料中

---

① 译者注：指各国普遍同情中国，而觉得日本的勒索太过分。随后便有英俄出面“调停”。

② 译者注：因为香港、澳门有西方人所开办的报馆，所以消息传播得快。

找到。严格地讲，这并不是总督回忆录的一部分。从实质上来讲，也算不得什么机密，更不是什么官方文件，仅仅是选编者认为有必要在此介绍一下，让读者了解到历史实情。

亲爱的朋友和尊敬的总督先生：

您的来信已经跟随我走了两个星期，星期一晚上才交到我手里。我正在等待着华盛顿的函件，以及针对有关事项的进一步指示。

我欣喜地得知，您的头痛已经大为减轻。我诚挚地希望，在您收这封信时，您的身体已经完全康复。您是否记得您对我说过的最后一句话，既然日本疯子的子弹不能拿您怎么样，您也不应该允许烦恼将您击溃。但是恐怕您并没有说到做到，因为如果您遵从医嘱，安心地待在府中养病，到此时，您的身体一定痊愈了。

我亲爱的总督，您听凭京城的敌人用他们的观点和愤怒来搅扰您，这将是十分愚蠢的做法。如果您能成功地吞并了日本，他们也会说您心怀鬼胎，要和朝廷分庭抗礼。

您务必要记住，毫无疑问，您一定清楚，据我所知，有史以来，从没有人能签署过任何一份让双方满意的条约，甚至都没有让其中任何一方完全满意过。一方或者另一方（经常是两方），总是确信对方占到了更大的便宜。全权议和的使命，其实是最不讨好的，即使是当您代表着获胜方谈判。如果您是代表着弱国，失败那一方，那就更别提了。

我公然站出来说这些话，可能不太礼貌。但是，我可以毫不犹豫地告知全世界，除了您自己的国家之外，也包括日本人在内，都认为您在谈判中取得了非凡的胜利。我从美国所收到的电报，有少部分是官方的，其大部分是私人的电报，都指出，由于您出色的外交能力，日本天皇遭到了全面的批判。在这次谈判中，日方所损失的信誉与道义，要比它的军队在战场上获得的战利品还要多。而且，我们双方都清楚。您并没有打算在回去的时候，像您幽默地表述的那样——“嘴里还留有一颗牙齿，头上还剩一根头发。[①]”

因此，就让这些恼人的、愚蠢的批评过去吧。这些对您来说毫无害处，无论是现在，还是将来。我听说您已经，或者将要失去重要的职位或者勋章。但是它们总有一天会回来，您将受到更多的奖赏。不管事实是否如我预料，您一定要清楚地意识到，您已经为您的国家和人民尽心尽力了。

请相信我，阁下的朋友和祝福者

科士达

自美国公使馆，东京

1895年6月7日

“六月初四(6月30日)。——我已看到并听到了诸多有关我在议和谈判期间的讲话和立场的虚假新闻。今天，我要振作起来，把最后签署协议之前的实情全部写下来，这里面将包括双方赞成和反对的情况。我要将这份声明上交朝廷，并要求将其纳入到我大清国的史稿之中。我相信，这个要求一定会被应准。我还要将这份声明的复抄件，转寄给伊藤伯爵。如果与史实有出入的话，我还要让这个君子仔细地审读它，并指出其中的错误。”

“大家都看得清清楚楚，我是出于对朝廷和黎民的一片赤诚，才冒险去了日本。此前，我从未在外国上过岸。我一直希望自己活在中国，也死在中国，不用在此高龄遭受踏上异邦土地的责备，也不要去承担车马的疲苦。”

“同时，我反对先前派出的那一个代表团。我先是极力反对委派德

① 译者注：意即和谈不成，并不打算活着回去的意思。

琳去议和,接着我又反对派张荫桓[①]去日本。因为我无法想象,包括日本国政府在内的任何国家政府,会在这么严峻的情势下,与这个级别和资历的人进行谈判。"

"当总理衙门通知我,朝廷已经决定派张荫桓去日本谈判时,我立即表示反对。因为我知道,如果使团由他率领,其结果只能是失败。随后,他们不痛不痒地问我,是否随时准备着由李中堂自己去担当这项使命?"

"为什么应该是我?我的言论一直都是反战的。现在,如果我表现得急于结束战争,当然会被指责是为了保全我个人的利益,而不是为了全局考虑。我只是希望让日本人停止进攻。现在,我也把自己这个信念写下来:在这次战争中,大清国没有一个人或者一群人的损失或花费,可以与我李某人相提并论。户部已经计算好几个星期了,至今他们还在忙着计算,竟然没有人肯站出来说一声,李鸿章在这场不幸的冲突中投入了多少。"

"在军需品和民用品(我自己经营的货物)方面,我已为淮军花费了大约两百六十五万两。整个北京、天津以及两湖和两广地区的人们都知道这一点。如果我冲上前去,毛遂自荐,想要当这个全权大使,人们一定会窃窃私语,接着高声叫喊,最后像老虎一般怒吼咆哮,说我李鸿章为了挽救个人财产,情愿做丧权辱国的事,为大清国抹黑。"

"是的,我非常渴望和平。若说,不比直接受苦受难的老百姓更急切,也和他们差不多,但是我还没有急迫到为了和平而玷污自己的名声,令自己遗臭万年。"

"我曾经和伊藤伯爵交涉过有关朝鲜的问题。我从潜伏在日本的谍报人员那里获悉,日本政府一直想和我商谈,寻求有关暂时终止敌对

① 译者注:张荫桓(1837—1900),清末大臣,广东南海人。曾任职总理衙门,旋升任户部左侍郎。1885年任出使美国、西班牙、秘鲁三国大臣,办理华工被害各案交涉事宜。中日甲午战争中,曾为全权大臣赴日谈判,但被日本政府以"不够资格"为由驱逐。1898年3月,受贿50万两白银,协助李鸿章与俄国签订《旅大租地条约》。戊戌变法时,倾向变法,戊戌政变后遭弹劾充军新疆,1900年被杀。

状态，或者获得永久的和平。广州、香港，还有北京，都知道这件事。军机处总理衙门也知道。任何时候，我都不会为了自身的利益去寻求和平。只是在别人恳求我，并最终接到朝廷的绝对指令时，我才会去的。”

“我并不懊悔去了日本，但是想到必须由我去，我就很心痛。”

“是太后本人命令我去的。与太后相识这么久，这是我头一次有一种对她产生怜悯之情的理由。我内心一直很敬畏她，至少也是快乐、忠实地服从她。但是现在，我这年迈的中堂大人，好像是她唯一的希望。我动身去日本之时，耳边却不时回荡着这句残忍的话：‘是你发动的战争，现在我们倒要看看，你是否有能耐结束这场战争，而且还不要在倭奴面前给国家民族丢脸。’”

“这句话，是庆亲王[①]说的。”

与庆亲王坐在一起的李鸿章

① 译者注：这里指庆亲王奕劻（1838—1917），晚清重臣、宗室，满洲镶蓝旗，爱新觉罗氏。乾隆帝第十七子永璘之孙，辅国公绵性长子。光绪十年任总理各国事务大臣、封庆郡王，十七年迁总理海军事务大臣，二十九年任领班军机大臣，三十四年晋封世袭罔替庆亲王。宣统三年任首任内阁总理大臣。清帝逊位后，避居天津。1917 年 1 月 28 日病死。

"在去日本的一路上,这句话一直在我疲倦的耳边回响。见到日本天皇的使节时,我还把这句话说给他们听。它深深地刻在我的脑子里,比行刺者那颗肮脏的子弹,对我的伤害得还要深。"

"我非常想知道,如果我真的死了在外国,不幸为国殉职,我的敌人们将会是大笑、辱骂,还是为我落泪呢?"

"我抵达日本的时候,他们还是像往常一样谦恭有礼。伊藤伯爵亲自来驿馆拜会我,我们像老朋友一样交谈,根本不像两个渴望吸干对方鲜血的敌对邻国的议和大使。毫无疑问,京城和两湖地区的人们,以及所有的日本人都极度兴奋。他们还希望继续交战。有时,老百姓会把自已变成一群乌合的傻子,特别是他们对什么是危机四伏还一无所知的时候。"

"伊藤伯爵问我的第一个问题是:你为什么要派'高升号'[①]去朝鲜?"

"我?我说道,我不是大清政府。"

"那一天,我刚刚抵达日本,我们的谈判就开始了。事实上,我首要面对的大问题,是我个人要为战争负责的断言——也就是他们所认为的,要不是我,朝廷绝不会向日本人采取寻衅的行动。"

"我是这样回答日本天皇的全权办理大臣:'伊藤伯爵,你和我商讨过朝鲜问题,我们完全能够理解彼此,因为我们开诚布公。我希望这次谈判,你也抱着同样的态度。所以一开始,我先把真正可以归咎于我的事情讲出来。我确实建议向朝鲜派兵,而且派出的很多部队,是我的亲兵——淮军。'"

"但是北京方面向我承诺,在运兵船出发之前,他们就会派信使去东京,照会日本政府,让天皇详细了解中国的意图。但是我在这方面被愚弄了,我所都统的直隶省上下和我的军队也被愚弄了。国家被迫卷入了一场决裂的战争中。"

① 译者注:清廷派往朝鲜的一艘运兵船,甲午战争前,被日军蓄意击沉。

“‘我相信中堂说的每一个字。’伯爵说。‘无可非议，总督说的是事实，都是事实。’科士达先生说。伊藤伯爵拜会我的时候，他也在场。”

“美国外交官说完这番话后，大家沉默了好一会儿。其间，我注意到，科士达和日本大使互相友好且心照不宣地点了点头。”

“至于‘高升号’，伊藤伯爵，我斩钉截铁地说，如果这只是你我之间的非正式会谈，不属于谈判范畴。我认为你们无端向中国运兵船只开炮，是可耻的、野蛮的行为。”

“伊藤的面部抽搐了一下，未作任何评论。我相信他内心很挣扎，忍着没把那个‘是’字说出口。”

“过了一会儿，他便起身告辞了。直到第二天上午，会议正式开始之前，我们两人没有再见面。科士达先生几乎陪了我一整天，直到深夜才离去。在这个地方，适合表明我的态度，中国应该永远记住科士达这个伟大的朋友，就像我个人会永远会把他当成良师益友来珍惜一样。我确实可以毫不犹豫地说，要是没有科士达先生斡旋，整个情形可能对我们更加的不利。尽管他的观点并不全面，在争论某些问题时，他实际上站在了日本人一方。”

“在春帆楼，我向议和会议提出的第一个建议，就是宣布立即停火。我的主张是，既然大家都是各自国家派来的全权代表，我们聚在一起的目的，显然是为了和平协议。如果委派我们执行和平使命的政府，却无时无刻不在向各自的陆军和海军上将下达交战的命令，这未免也太奇怪了。”

“我就这个问题说了一会儿，这是我就此类事情做出的发言时间最长的一次。我讲完后，会场沉寂了几分钟。接着，伊藤伯爵退席，带着他的助手，到房间的一角去商量。后来他们返回到座位，伊藤伯爵说：‘作为大日本帝国天皇陛下的全权代表，我们很乐意接受李中堂的提议。不过，为了保障和平，我不得已提出以下要求：至少在停战期间，中国政府要将大沽、山海关至天津一线全盘要塞防务，以及一切军需用品，统统移交给大日本帝国军方管理；将天津一线的铁路和全线主要车辆，也交由日方管理，大清政府不得有任何介入；最后，还包括整个天津城周边的要塞和军需用品，都要统统移交给日方。'"

"听了他的这个提议，我简直是目瞪口呆。如果我不事先知晓这次会议的严肃性，不了解日本代表团成员的个性，我会责怪伊藤伯爵有点过于狂妄和异想天开了。坦率地说，在停火之前，提出这样的条件真是令人震惊，我一时间甚至都不知该如何表达自己的惊讶。事实上，当时我能做的就是恳请伯爵先生把他刚才说的话再重复一遍。如果他真的要我们把北京城大门以外所有的要塞和军需品，都移交给他们，那实在是太异想天开了。"

"伊藤伯爵逐字重复了刚才说的话。"

"他所发出的每一个音节，都好像在我心中燃腾起一团新的怒火。我费了很大劲，才耐着性子，隐忍不发，听他把话说完了。"

"我看了一眼科士达先生，到目前为止，他还是一个旁观者。我发现，他也面色苍白。"

"这是你们最好也是唯一的条件吗？我尽量保持好镇静，向这位日本天皇的全权办理大臣问道。"

"'这是唯一的停战条件。'他回答道。'很好，那我们就一边谈判，一边继续打仗吧。'我回答他——首次谈判，就此戛然而止，既然对方毫无诚意，也就注定毫无成果。"

"再次回到驿馆后，我独自一人，一步步地逐阶段仔细研究我们的谈判记录。通过研究，我非常不情愿地得出了以下结论：日本政府有意把最苛刻的停战条件强加给我们。日本人非常了解当下中国的局势。据我所知，多年来，他们派出了大量的间谍、密使和情报人员，进驻到中国各地。北京、天津和南京都活跃着日本的文官武将。有些人受雇于饭店，有些人从事房屋买卖，很多人生活在外国租界里。据我所知，还有几个人，甚至从我本人这里领取薪俸——当然，我了解情况后，立即将他们驱逐到我能管辖的范围之外。"

"但是，中国对之一直毫无准备，没想到有朝一日会与日本发生冲突。不是我自夸,满朝文武,并没有人会比我更了解这个可怕的事实。我一直主张,维持中国在朝鲜的地位非常重要。因为几个世纪以来,朝鲜一直是中国的藩属国。正因为它是一个和满洲相比邻的孤狭的半岛,日本人才会认为自己应该在朝鲜享有比在中国山东或者如我的家乡——安徽省更多的权利。"

"但是为了与这个日渐强大的邻国和平相处,1884 年,朝廷在天津和日本签订过一个协议。当时,代表日本的也是伊藤伯爵。协议规定,双方同意从朝鲜撤兵,由朝鲜国王负责处理内乱。同时,双方进一步约定,'朝鲜本国如有乱党闹事,该国王可请中国派兵弹压,自与日本无涉,事定之后,清国亦即撤兵回国,不再留防。'"

"日方声称,中国政府近来违反了这一严肃的条款。如果是这样,是我本人受骗了,因为我已告知伊藤伯爵,就像我已经写过的那样,北京方面给我的消息是,'已告知日本外交部,朝鲜请兵,中国顾念藩恩,故遣兵代平其内乱。'朝鲜国王自认无力镇压东学党起义[①]。于是,朝鲜政府请兵援助。朝鲜的做法,无可非议。毕竟,几个世纪以来,这个国家向来如此,逢事必向中国求援。"

"两大帝国的高级谈判人员在场时,我曾经宣布过此事。科士达先生也是见证人。但是,在这里,我希望把它作为我的历史观点,永久性地记录下来。"

"如果不是日本政府决定不惜一切代价,或早或晚要将朝鲜据为己有,它就不会刚接到大清朝廷的应朝鲜政府之邀派兵援助的消息,就立刻发兵赴朝——是立刻,我再强调一遍。中国没有侵略朝鲜,也没有以此为时机和借口吞并之。相反,清政府非常乐于,并十分急于见到朝鲜

---

① 译者注:东学党起义,又名朝鲜甲午农民战争,是 1894 年在朝鲜发生的一次反对两班贵族和日本等外国势力的平民武装起义运动,领导者为全奉准。这次起义,是中日甲午战争的导火线。

能够自行处置内部的政事。所谓的隐士王国[①]和中国之间,存在着世代最友好和谐的盟约。中国即使在政治上全面接管朝鲜,甚至把它纳为一个省份,并在汉城设立总督衙门,或者由北京派大臣直接管辖,其实,也得不到什么好处。"

"如果不是日本急于向中国挑衅,朝鲜政府之前或过后都不会与之交战。'高升'号被击沉,几百名没有任何防御能力的勇士无辜丧生。他们只是在遵守朝廷帮助朝鲜维持和平的命令,并没有向日本发动进攻。"

"我指责日本天皇政府蓄意挑衅中日战争,它唯一的目的,就是吞并所谓的朝鲜国。我指责日本人采取的方式是卑劣无礼的,我指责击沉'高升号'是有预谋的屠杀。日本一直在把自己伴装成东方思想和知识的领袖,并以吸收西方理念和原则的名义作恶。"

"这些纯粹是我个人的感受和声明,但是它们很容易接受历史的检验。这场战争的具体事实记录,将在东京和北京陆续被后人发现。也许有些人会说,考虑到我为自己的性命和清誉的动机,在收集这些证据并把它们交给世界,评判我是否尽忠职守。也有人会说,这是我对大清国应尽的义务,应该由我自己负责。如果我不这么做,就会有人谴责我。不管遇到任何事情,我都会被指责中伤。"

"但是此时,我有充分有力的理由保持沉默。我相信世界上任何一个有见识的政治家,都会同意我的观点。"

"最近,我刚开完一个议和会议。和解达成,万事终有定论。战争结束后,追求和平再次为人们所关注。我的名字签在一个重要的文件上,双方同意,我们的纠纷已成过去。每个国家都渴望友好正确地处理国与国之间的关系。在这一过程中,我的国家蒙受了巨大的耻辱,我本人也因之蒙羞。"

① 译者注:隐士王国,这里是朝鲜的代称。相传朝鲜国为归隐的商代贵族箕子所建,另因该国总处于大国光环下,隐而不显,故称隐士王国。

甲午战争的爆发是李鸿章晚年政治命运的转折点。图为日本人所绘甲午战争宣传画

“认真回顾并思考这些事情，无论是政府还是普通老百姓，无论是国内还是国外，如果我蓄意揭开旧伤疤，让大家重新卷入罪恶的冲突，有谁会原谅我呢？我相信，如果我对全中国、全世界毫无保留地坦诚，就像我在马关，面对伊藤伯爵时所说的那样：和平，这就是最终的结果，这才是大家所要的。写下这些话时，我并没有想过，在这种可悲的气氛中，在非理性的冲突导致的敌意尚浓厚之时，将若干真相公布出去。我只希望中国和平，日本和平。”

一个星期后在北京，李鸿章这样写道：“今天我仔细阅读了从圣彼得堡寄来的信函翻译件，其中一部分，是一位朋友卡西尼伯爵写的。这像是给了我这个老朽一颗生命的新灵丹妙药！虽然此番少了很多的荣誉，但至少，我还可以怀着更好的心情，安定地南下。”

“现在，我感觉皇上对我友好了一些。不过，太后显然待我很冷漠。然而，圣明的太后也承认，去年在战乱迫在眉睫时，正是我挺身而出，向俄国政府控诉，晓以利害，并从那里得到了令人满意的承诺。”

“太后是个奇怪的女人。她很矛盾。有时，她就像一个魔鬼那样刚愎自用。但是如果她感觉自己犯了大错，只要不危及个人的尊严，她都诚意去改正。”

“昨天，她希望我代表自己说点什么。接到圣彼得堡的好消息一个时辰之内，她就了解了信函的主旨。于是，她传旨召见我。”

“我们俩简单地讨论了俄国的来信。我向她告知，无论现在还是将来，俄国都不会允许日本占领我国满洲和内陆的任何一部分后，太后心中大悦。”

“为什么在我去日本之前得不到这样的承诺呢？”

“如果我早知道沙皇政府对日本侵略朝鲜和满洲的看法，我会在日本提出停战条件后，用这个方式回答他们，我会对伊藤说：‘继续打仗吧！’”

“然而，我常常怀疑这些欧洲人的真实目的。而且，我发现一些最能干、最尊贵的外交官，说起谎话来，就像是南京市井里的那些卖鸟人一样容易。他们会像一个想借钱却没能力还钱的人那样，肆无忌惮地许诺。特别是英国人，他们总发誓要做一件事，但是事先他们一定是盘算好了怎么去做另外一件事。”

“如今俄国是我们最好的朋友，同时也是最需要提防的敌人。它是我们的朋友，大不列颠和法国也摆出一副仗义的朋友样子，似乎希望成为我们更好的朋友。然而，俄国却是我们最大的敌人。因为俄国人所谓的命运，迫使他们这么做。俄罗斯统治着整个北亚，并希望有朝一日加深对中国的影响。”

“——他们会帮我们赶走日本人，因为他们（俄国人）自己想进来。”

“——7月28日。即便是在情况最为糟糕的今天，我也并不认为所有人都是坏人。就是在半个时辰之前，我经历了一件事，它让我相信，职责和交易，财富和荣誉，都并非那么绝对的。还有一些小事，不断触动着我的内心，让我觉得人性不完全是冷酷、利益和虚假的。”

“今天，这个衙门，我掌管了二十四年的衙门，来了一个高尚的基督教徒。这个院子里好像从未出现过类似的人。我几乎是流着泪接待了他们。”

“这两个基督徒给我带来了治疗的药物。他们是从那个让我沉痛的日本城市[1]赶来的。他们来看看我，经历枪击后，是不是好些了！我想知道，是不是基督教会让他们来这里看我。我想一定是，因为面对于肉体上疼痛时，日本民族总是表现很坚强，并不以为然。而且，日本人憎恨外来者，特别是中国人。因此，一定是什么别的思想进入了他们的头脑，才促使他们前来看望我这个遭受伤痛的中国人。"

"我亲眼看见他们走上衙门的台阶。一开始，我摆出主人的架子，命令管家把他们撵走。但很快，我发现他们是日本人，我很好奇他们为什么会跑到我这里，究竟想要得到什么。也许，他们想见的人并不是我。最终，我让管家把他们请进来。但是很长时间过去了，我们还是没有弄明白他们到底想干什么。因为那个男人说的日语，可能是日本国某处的一种方言，非常难懂，我只能猜出零星的几个词。"

"我便差人去叫我的翻译来。通过翻译，我才惊奇地得知，他们的确是来看望我的，而且我们还见过面。我在日本时，一个疯子将子弹射进了我的颅骨。好在，我侥幸得以死里逃生，正在医院里养伤。当地有许多教民曾经去病房探望我，这个陌生人就是其中的一个。我看了看他，发现他说的是实话，因为我认出他来了。他说，他叫佐藤，陪他一起来的男孩是他十三岁的儿子。"

"佐藤说，他们属于马关附近的一个小传教团。当年，这个团里的基督徒们派出代表，带着鲜花去病房探望我。我在那儿的时候，他们每天都谈论我，还向上帝祷告，希望我能尽快恢复健康。他说他的教友们不相信战争和杀戮，他们最为清楚，我到日本去和谈，是为了制止战争的。"

"我们说得不对吗，中堂大人？他问道。"

"佐藤先生，你们说得很对。我去，的确是为了试图阻止战争。经过那次谈判，中日就没有战争了，不是吗？"

"他同意我的说法，还说我是一个大好人。"

---

① 译者注：是指李鸿章签订条约的马关。

"接着他解释说,他的朋友们都很想了解我的近况。他说,在日本,他们听说我痊愈了,有时又有传闻,说我死了。他们无法忍受不确切的消息,于是大家凑了一笔钱,派佐藤把草药送给我,并表达他们对我的善意。"

"我收下了那些草药,并为我的访客们准备了美味的炖鸡、饭菜、糕点和香茶。我想留他们多住几日,我告诉他们,我一定会好好款待他们。但是佐藤先生说,这一路走来很辛苦。有那么一两次,他在半途上都想回去了,特别是看到他的儿子跟随他漂流在外,是那么孤独。另外,他还说,他找我都快疯了,因为他不知道我在哪儿,在北京还是在广州?"

"他们要离开的时候,我准备了一大包礼物送给他们家里的朋友们。二百两银子给他们的教会,还有同样数量的钱——二百两银子,给他们做路上的盘缠。他不想接受盘缠,他说他的钱够回家用了。他担心,如果收了我的礼物,把他送来的朋友们会不高兴。但最终,我还是说服他收下了这笔钱。"

"我想,基督教使贫穷卑微的人变得勇敢无畏,因为佐藤先生和他的儿子离开前,他们想知道是否能为我祈祷一番。我说可以,我以为,他们的意思是回到家后再为我做祈祷。但没有想到,当即他对他的小儿子说了些什么,立即跪在了我的门口,开始祷告。当我看到他和他惊恐的小儿子向上帝祷告时,我的心忍不住狂跳不止。他们向那个他们认为能眷顾我、保佑我的上帝祷告,祝愿我早日康复,投入到和平的事业中去。"

"看着他们离去,我心里很难过。"

"这个老衙门,是我掌管了三十多年的衙门。在这里,上演过各种千奇百怪的大戏,也召开过各种各样的会议。甚至影响全世界政治格局的午夜会议[1]也在这里举行过。我接待过皇公、爵爷、大使、公使、凶

① 译者注:指签订《天津条约》的会议。

手、强盗和乞丐。有人在这里被判处死刑，也有人在这里高高兴兴地获得租地权、铁路合同或者官爵什么。但是无论是发生了什么事，不管这个事情的进展如何，我自认为一直是这所房子的'主人'。直到几个时辰以前，他们对我表示关切时，我才第一次感受到，我不过是寓居于此的过客之一，终行将归于死亡。"

李鸿章在写这些话时，自己觉得已经不是衙门的"主人"，他只是把这里当成他在天津的临时的寓所。

"可怜善良的佐藤先生，从日本一路赶来，就是为了给我这个身为'异教徒'的老总督诵念基督教的祷词！我不知道除了家人，是否还有什么其他人愿意做类似这样的事情。"

"我从来不喜欢任何日本人，但是，也许只有基督教会帮助他们认清自己。"

第八章　戊戌变法前后

李鸿章在他的日记中第一次提及戊戌变法①，他预感到“维新派”和“乱党们”正用阴谋诡计把中国带入到麻烦之中。虽然这段文字既没有注明时间，也没有注明地点。但很有可能写于南京，时间大约是1898年5月初，因为他在文字的一开始提到了恭亲王之死。他是在那年的5月3日去世的。这段文字如下：

“好几个月来我都没听过这么令人伤心欲绝的事。昨天，我得到了从京城传来的确切的消息。这一消息，令我整夜不能入睡，恳求列祖列宗，希望这不是真的。但是，老天爷还是叫走了恭亲王。他是我最尊敬的老朋友。他在政治和其他领域奋斗了将近四十年。他发挥自己无与伦比影响力的这段时间，对朝廷那些目无王法的人，起到了巨大警示作用。”

“恭亲王是个难得的忠君之臣，他这一去，天下的百姓会非常地想念他。如果他死在十年前，即使是在中日甲午战争之后、日本的麻烦刚刚解除时去世，他的离去，也不会对朝野上下造成如今这样如此剧烈的冲击。但是现在他魂归故土了，大清国正在各种冲突之间寻

① 译者注：戊戌变法，又名百日维新，是清朝光绪二十四年间（1898年6月11日—9月21日）的一项政治改革运动。这次变法主张由光绪皇帝亲自领导，进行政治体制的变革，希望中国走上君主立宪的现代化道路。无奈变法受到清朝廷内保守势力，尤其是慈禧太后的反对，最后演变成为政变，维新派人物被杀。维新运动失败，使中国损失一批热心于国家改革的精英和支持者，将中国推上革命的道路。李鸿章虽亲近过维新党人，但在变法中站在了保守的立场上。

求平衡。朝廷内部的各种势力，如地狱的群魔般骚动，许多头脑疯狂、思想激进的小人受到朝廷重用，京城多么需要恭亲王这样意志坚定、无所畏惧的声音。”

“有些人好像不走极端，就想象不出自己还能做些什么。他们要么是说一些令人作呕的奉承话，要么就是千方百计谋杀自己的政治竞争对手。他们总喜欢站在寺院的宝塔顶上，用自己最大的嗓门喊叫，或者是在深井的底部说一些鬼魅般的悄悄话。他们也总喜欢颠倒黑白、混淆视听。他们要么根本不洗澡，要么使劲搓背，直到一点皮毛也不剩，体无完肤。他们要么胡吃海喝，要么拒绝进食，对一粒米、一块馒头都不屑一顾。”

“许多无知的官员都是如此。他们像天桥上唱戏、耍猴的人一样，从这端跳到那端，为的是让别人看见他也能做到。”

“但是恭亲王不是这样的人，他的过世令我伤心难过而惋惜。我想说的是，他被老天爷从他尽职尽力的位置上带走了，而我们是多么的需要他。虽然恭亲王本人并没有帮我赚过一两银子，相反有那么两三次还挡住了我的财路，但如果我能把他带回来，我愿意向朝廷献出一半财产。”

“说到底，钱财是什么？我严厉而慈祥的父亲拥有巨额的财富，但是我不敢肯定财富能让他幸福。他永远是一个不幸福的人！”

“他娶了第一个妻子的时候，他想，有第二个就幸福了。但是第二个也有了，他又想如果有三个好像更幸福。于是，他脑中幸福的概念，又召唤他再娶一个。我很高兴这下子他做到了，因为他的第三个妻子是我善良温柔的母亲。母亲只在绝对必要的时候才会责骂我，她为我的父亲生养了一个儿子，并在父亲的努力下，把我培养成一个出类拔萃的人，同时光宗耀祖，衣锦还乡。也只有这件事，让他略感欣慰。[1]”

“所有的人都是这样。我记得年轻的时候在庐州，钱财和官爵似乎

---

① 译者注：显然作者不知道李鸿章的兄弟李瀚章、李蕴章、李凤章等五人都很有出息。

李鸿章及其兄的家族合影

是上天赐给的礼物。但是我发现巨额的钱财和朝廷的顶戴花翎，或者把两者加在一起，都无法保证一个人能克服内心不断膨胀的欲望。得到朝廷赏赐的花翎，是多么光宗耀祖的事，然而掉脑袋，却比这个容易得多！”

“因此，如果能让恭亲王再为大清国做一两年事，我会捐出所有的银两。我已经是一把老骨头了，做事经常力不从心。如果没有人能施加有力的援手，恐怕我无法再长时间与那些无故喧闹、目光短浅的人战斗，只怕是凶多吉少。”

“遥想1881年，恭亲王和我肩并肩站在一起，相互声援，共担国纲。从那天到现在，我们为了大清国的安全而共同努力，极力避免她被瓜分的命运。可是现在他就这样走了，我将独木难支，回想起来真是令人痛心。”

“维新派！维新派！——无知的乱臣贼子，撒谎家，朝廷的敌人，我是这样藐称他们的。”

“他们打着改革的幌子，由一个亲近皇上的人率领，想在一两个月之内颠倒乾坤、重建国家。康有为本身是个好人，我非常欣赏他的文笔和演说才能，他也不愧是个南方的大儒。但是他好像没有意识到，即便怀着最好的动机，而不考虑现实的情况，草率去进行全面的改革，永远都不能成功。他只是落入了另外一种改良派的窠臼，疯狂、目光短浅的野蛮人，抓住一切机会宣传反对洋人。康有为以为用他的那点小学识、小聪明，就可以将皇上置于掌心之中。他不知道，一旦激起其他维新党人的狂热，做出有失国体、损害洋人利益的事情，西方列强又将栽赃嫁祸到我们头上。”

“1898 年 5 月 30 日——我已经病得很重，无法去京城。我本想通过此行，施加一些压力，从而抵消康有为对朝廷的影响。我这一大把年纪，已经不能参加恭亲王的葬礼了，深表遗憾。”

“6 月 6 日，我的身体好些了，但是我感觉这个国家已经病入膏肓了。”

“6 月 7 日，今天，尽管内心悲戚，我还是写了很多信。其中一封就是给康有为的。在给康有为写的信中，我警告他不要领着皇上做违背祖训、伤天害理的事情。我的信一定会惹恼这群‘康党’之流。康有为，这位皇帝名义上的老师，也会不遗余力地反驳我。但是，只要我认为他们的做法对国家不利，我就会每天写一封信，哪怕只是徒劳，也在所不辞。”

“6 月 8 日——皇上误信了一些初级的改革理念，就想立刻把生米煮成熟饭。康有为的意愿是好的，但是在我看来，他思路混乱。当然，皇上也正在和他一起失衡。维新党人很可能没有意识到，他们天真地想要颠倒世界的做法，恰好是煽动仇洋的自杀性宣传的遮羞布。今天信差给我送来一个东西，不知道是谁写的这些话，或者为什么偏偏要送到我这里。它只是一个朱红色的布告，上面这样写道：‘朝廷正着手进行全面变法。所有的爱国者联合起来，把洋鬼子们统统从我们的国家赶出去，这样大清臣民就可以享皇上推行的圣明利国的维新主义。’”

“我听说礼部有大臣草率上奏朝廷，反对礼部的某些人和一两位监察御史。简直是蠢货！他以为朝廷照他说的做了，就能博得了皇上的信任。”

“6 月 17 日——今夜，我要动身去北京，我决心觐见太后，把我所见的局势如实地汇报给她。”

“天津(没有日期)。自从我到这儿，就有人告诉我，朝廷不会在乎一个老家伙在喋喋不休地说些什么。所有的‘爱国者’都把我当成保守派靶子来攻击，而先前，我却是以改革派的身份出现的。”

1898 年 6 月 11 日，光绪皇帝发布“明定国是”的上谕，决定变法。此乃“百日维新”的开始

“我想，我可以骄傲地告诉他们：二十五年来，我才是朝廷上下真正改革的捍卫者。我想，如果一个人为了让自己的房子拥有一座山墙，或者打通一扇窗户，或者开一道门，他可以直接努力，去做些改动。但是我不认同，为了得到一面山墙，就推倒整座房子，或者去建一个拥有山墙的新房子。而如果一人坚持想改一下门庭，却把整个院子都拆了。那他一定是疯了。为什么看见有一只瘸了腿的羊，就要把整个羊群都杀掉呢？”

“康有为提议使用一剂改革猛药方，来治愈所有的国家疾病。他要让皇上自己生火，皇后、妃子们自己洗衣服。他认为在一个星期或一个月的时间内，就可以解决全国的矿山和铁路的问题，消除一个国家两千年以来的偏见。他相信，任何有委屈的人都有权利奏请朝廷，把他的难处说给耳朵里塞满了这些事的皇上听。”

“康有为，你是一个杰出的教育家。你的文笔很优美，国内外都听不到比你做得更好的演讲，但是你在让年轻的皇上出尽洋相。太后默不出声，其实是让你在出更大的洋相。可是，她最终不会给你太多的时间，一定会收拾你的！但是一想到国家，我会为你感到遗憾，为国家凶险的命运感到悲哀。再过几个时辰，我要把这些话当面说给你听——”

“你是一个糊涂蛋，本想摆脱混乱，却把事情搞得更加混乱的维新派。我不会跟皇上说这些话，他太年轻，太缺乏经验，不可能知道我说的是真话。他因为太缺乏经验了，即便知道了，也不会相信。我也不会向太后说你的坏话。但如果我还有足够权力在身，我会把你遣送回去，回去做你的私塾先生，或者，让你人头落地。”

“尊敬的康有为，皇帝陛下的导师，你要记住，我在赞扬你仁心的同时，还要告诉你，你的脑子是一个名为‘改革’的泥潭。比你更年长、更强大的人，在你的泥潭里看不见一条像样的鱼。你爱你的国家，但是你欺骗了她。就像害了相思病的乡巴佬对他的暗恋者那样喋喋不休，不顾一切地在市集上拥抱她，这让她永远感到羞耻。”

“现在，我被召进宫中议事，我要尽职尽责，努力阻止某些所谓的‘改革’。”

“一场意味着倒退的改革，不是可悲的就是可笑的。”

“一场不试图建立新体制，只想摧毁一切的改革，是一阵飓风，是国家的灾难。”

“一场设想全世界在一个星期内变坏，再用一天的时间把它变好的改革是十分愚蠢的。”

“我像憎恨唠叨的妇人一样，憎恨职业改革者。他们都认为别人都没有脑子，更不用说智力了。”

“但是，我真的认为，皇上疯狂的新举措在很大程度上助长了反洋情绪。1870 年后，我毫不留情地镇压了直隶发生的暴动，终止了杀戮和错误。我将再次遵照朝廷旨意尽力维持国内秩序，让国内的骚乱不至于再次将其他国家的政府引狼入室。”

“7月9日，戌时，在已故恭亲王的王府——自从上次去了京城，我几乎一刻也没有停步。说实话，我这辈子的任何一个时期，在相同的时辰内，如果忙碌成这样，一定大有收获。然而，这一次恐怕收效甚微。很遗憾的是，我不是一个不问世事的人。如果我有一头骆驼，我会不停歇地在路上骑着它，决不让它在窝里睡到天亮。年轻时代的抱负和四十年来不懈的努力，却换来了一个动荡巨变的晚年，到现在也停不下来。我不会推卸责任，即使我肝脑涂地。”

“7月，家中。午夜过后，我在皇宫里待了两个多时辰。一半的时间，我是在和太后老佛爷密谈。她常说，给内阁、外务部下旨答疑，只需一刻多钟就够用了。”

“太后手中捏着刚毅[①]的奏折，这不是个好兆头。而且谭嗣同前天已经奏请太后三次了。他也自称是‘改革派’，但他想改革的纲目是财政、皇上的权力和基督徒。他联合了刚毅，更确切地说，鼓动了刚毅，和他一起向太后施加影响。这的确是可悲可叹的。同样糟糕的是，尽管方向不同、目的有别，皇上已经被康有为等人所掌控。如此环环相扣，康有为已经变成不经世事的皇上的导师。该死的康有为，他该去教他有能力教的东西，而不是胡说八道。越发疯狂的是太后本人，她竟然与刚毅和端郡王为伍。如果她听从明智的庆亲王和荣禄的劝告，她对这件事情的态度将会有所缓和，而且她的晚年也能过得更安逸舒适，这本来就是太后老佛爷她应得的。”

“我相信，随着时光飞逝，她的野心也在增长，而且她希望自己能够长生不老！但是她不明白，连续争吵、深夜会谈和激烈争辩会让她的生活如黄连汤一样苦不堪言。”

“太后直截了当地问我，万一变法发生了大麻烦，你李鸿章是个什

---

① 译者注：刚毅，清末大臣，字子良。满洲镶蓝旗人，累升刑部郎中、按察使、布政使。甲午战争中，主张议和。维新变法中，极力反对维新，力主废黜光绪帝。1900年，义和团运动发展至京郊时，刚毅力主招抚。8月，八国联军侵占北京，他随同慈禧太后西逃，病死于山西侯马。

么立场?”

“像往常一样,圣明的皇太后。我回答道。”

“到底是什么立场?她进一步质问。”

“——请太后见谅,但是太后真的需要老臣的答案么?”

“她显然对我闪烁其辞的回答很不耐烦了,但她没有像平时那样——只要受到了一点点的冒犯,就对我怒目而视。”

“是的,我想知道!她很有耐心地命令道。”

1898年7月3日,光绪皇帝召见梁启超,命呈《变法通议》,并授以六品卿衔,令办理京师大学堂、译书局事务

“我只好告诉她,我会永远和太后,还有和大清朝廷站在一起,就像老臣我一直做的那样。”

“太后,我的时日不多了,我说,但是只要我活着,无论发生什么事情,太后都可以指望老臣。我见过她这样的女人,她似乎一切都不动声色,但内心对什么却都一清二楚。”

“无论发生什么事情吗?她继续追问。”

“无论发生任何事情!我回答。”

“然后,她示意让我退下。于是,我立即退下了。我已在宫里待到了凌晨两点了,身心疲倦。她说明天可能还要召见我,但是我希望她明白,已经没这个必要了。可我并没有急于立刻退下,而是恳请太后说出她心里对变法的想法。她是否预感到将要发生什么,她是否还信任我,她心中是否有什么更周密的计划,等等。因为这正是我这趟来所希望知道的,我试探看看她是否能告诉我,让我更安心?”

“和往常比起来,今天晚上,她一直表现得很热忱、很和蔼。我以为进一步提出的这些问题,都不会冒犯她。但听了我的问题后,霎时间,她变得暴跳如雷、大声呵斥我，于是我立即下跪告辞。”

“8 月(没有日期)——我对所有人的劝告，都没有任何价值，因为没见它们产生什么样的成效。我发现所谓保守派和维新派，两个派系的意愿和政策，我都反对，他们将给社会带来大动荡。这还是往好了说，严重了，将是国家的灭顶之灾。”

“皇上——这个轻率的君主，还不如我小儿子适合当一个帝王。他对我非敌非友，然而，我开始感觉到他的末日临近了。我真的不该同情他。而事实上，我确实也没有同情过他。实际上，他已经被周围那些满脑子只想变革的人控制了。他拒绝听进任何人的话，甚至连我的谆谆忠告，都不听去。”

李鸿章一直极力抨击主张维新变法的康有为

“那个一门心思维新的康有为逃走了。他和他的学生，下半辈子就别想回国来和家人团聚了!”

“(没有日期)——我是这么看待康有为的:他所拥有的理性和判断力，不足以让他觉察到他本人的维新飓风将引起一场政治雪崩。他离开了北京，我相信过去几年的努力，证实了他自己的能力。我本人对他没有任何敌意，但是希望他尝试其他领域。那样，他对康党和自己周围的人会有一点实际的用途。我希望他死后能留下好的名声。一旦得到他死亡的消息，也许，我会立刻去拜祭他。”

“(没有日期)——之前，忠诚地跟随我的文官们，已经很久不和我在一起了。身边没有什么可以信任的人，只好亲自给外国使团的朋友写简短的密函，告诉他们朝廷上很快就会发生的事情。如果那些总喜欢找我这个老头子麻烦的人知道这些事，他们准会公开宣称，是我又把国家机密泄露给了洋鬼子。”

“我深切知道，事态又要变糟，也许又是一场巨大的杀戮。但是我能做些什么呢？我已经用了我能想到的所有办法，该说的说了，该写的写了。并且我还努力通过这些朋友的影响力，希望能在朝廷有个听证的机会，但是这只是一种徒劳。”

“今天，荣禄[1]给我寄来了一封长信。他没有说得太多，但从他那封言辞激扬的书信中可以看出来，他肯定太后正在酝酿一场声势浩大的剪除乱党的运动。荣禄是太后亲信，深深知道这一点。”

“他让我跟外国使馆的洋人们说一声，如果在接下来的五六个星期内发生什么变故，一定不要担惊受怕。我恰恰已经这么做了。我们不希望列强们认为，只要遇到任何情况，我们政府都只是惊慌失措、束手无策。或者，为防范接下来会发生的大规模暴动，把教民和传教士当成牺牲品。我们诚然担心外国军队会贸然介入中国的内政。这些外国军队的到来，只会使我国的动乱局势更加紧张，甚至还会酿成战争。”

“太后渴望亲自执政，她并不满足于曾经和现有的权威，垂帘听政。近来，她的脑子已经完全中了毒，她恨洋人以及洋人带来的一切。我们这些对朝廷忠心的臣子，能做的最大的努力就是尽量维持和平，不过分强烈地反对宫中那些激进鲁莽的当权派，刺激他们；虽然，我对她所发动的政变持反对态度，但是，我相信太后也绝不允许他们对我有任何身体上的伤害，哪怕只是伤害到手脚。不过现在，从国家整体利益出发，我必须对政变公开表示赞同。一个人在飓风当中吹口哨，有谁能听得到他的声音？用一壶水去浇入大风潮中，对时局又有何裨益？”

“显而易见，有生以来，特别是从政以来，我头一次被所有的人都忽略并遗忘了。我希望可以找回自己往昔的荣耀和影响力。”

---

① 译者注：荣禄（1836—1903），清末大臣。字仲华，号略园。瓜尔佳氏。满洲正白旗人。初由荫生以工部主事用，后为醇郡王奕譞与军机大臣文祥所赏识，改工部侍郎，调户部，兼总管内务府大臣。维新变法中，主持镇压与屠杀维新党人。

9月24日，李鸿章只写了一行字："她又一次成为名义上的统治者，而实际上，她一直是最高的统治者。"9月20日，戊戌政变，守旧派胜利，此后，慈禧太后复出训政。

大清政府在它的官方报纸——《京报》上，刊发了一则以皇帝名义发出的官方公告，简短地向天下通告了这一次的巨变。我稍稍浓缩了一下这方上谕，其主要内容如下①：

> 现在国事艰难，庶务待理，朕勤劳宵旰，日综万机，兢业之余，时虞丛脞；恭溯同治年间以来，慈禧端佑康颐昭豫庄诚寿恭钦献崇熙皇太后，两次垂帘听政，办理朝政，宏济时艰，无不尽美尽善。朕念宗社为重，再三吁恳慈恩训政，仰蒙俯如所请，此乃天下臣子之大幸。
>
> 由今日始，在偏殿办事；本月初八日，朕率诸王大臣，在勤政殿行礼。
>
> 一切应行礼仪。
>
> 着各该衙门，敬谨预备。
>
> 上谕。
>
> 今颁。

"（没有日期）。——我心中惶恐，浑身发抖，不知京城和整个华北将会发生什么。老派的'改革派'走了，新式的'改革派'还在。"

"政府各部门窃窃私语，传播反基督徒的威胁言论。我听说保定府周边地区已经发生骚乱。如果太后身边的乱臣贼子默许此举，而不出面制止，紫禁城将为疯狂的政治局面所左右，我看国家的安宁，只能维持短短几个月了。"

"我给各国大使馆发出消息，告知他们务必做好准备。其中有五个

① 译者注：这份上谕内容，是历史真实的文本，跟本书作者所提供的文本有所不同。

国家的朋友——英国、俄国、德国、法国和日本,已经寄来感谢信。康格尔公使亲自来访,他让我放心,据他所知,这个可靠的消息已经转告给所有人了。"

"10 月 9 日,天津——今天早上。从京城来了一个信差,给我带来了很多信函。其中,有一封来自荣禄。他在信中描述了宫中发生的情况。可怜的光绪皇帝被迫跪下,太后老佛爷逼他承认自己一无是处。荣禄说,太后在典礼中,真是一个名副其实的母老虎,她对待年轻的皇上比对待一个不听话的小太监还要狠。"

一度,维新运动取得轰轰烈烈的反响,造成了很大的声势。图为光绪帝与谭嗣同合影

"他告诉我这些都是真的。他在信中写道,太后威胁光绪,如果他不跟皇后(慈禧的侄女兼眼线)一起生活,就有生命危险。光绪答应和她一起生活,保证爱她。真是令人气愤,我知道,皇上其实连见她一眼都讨厌。"

"——后来,当可怜的皇上爱着的珍妃替皇上向太后求情时,太后命人把她撵了出去,投入了冷宫。我认为太后做得有点过分了。还嫌皇上在卑下的太监和奴婢面前没有被羞辱够吗?太后怎能把他唯一的家庭安慰也夺走呢?当然,荣禄并不同情已经被废掉的皇帝。袁世凯也是一样。不过,我想让他们帮我一个大忙,劝说太后把珍妃和光绪一起关在瀛台。"

没有任何史料记载李鸿章曾经写信给荣禄或袁世凯,请求他们帮助珍妃说情。这个光绪皇帝的宠妃之所以被称作珍妃,据说是因为她曼妙的容颜,还有珍珠般光洁的肤色。这个可怜的年轻女子在冷宫中,被关押了两年时光，除非是太后在场，她再也没有与光绪皇帝单独见面。最终慈禧下令，将其推入到紫禁城的一口井里。

那是 1900 年，当八国联军兵临北京城下，皇室成员慌忙出逃。

第九章 参加沙皇的加冕典礼

1896年,李鸿章代表清政府参加俄国沙皇的加冕典礼。回国后,他在日记中第一次提到朝廷派他到圣彼得堡去。在同年早些时候,他曾提到过一句,说朝廷已选定他人出席俄国沙皇的加冕典礼,如下:"朝廷决定派王之春[①]为代表参加俄国沙皇的加冕典礼。"

虽然他在日记中记录了从北京到圣彼得堡一路上大量见闻,直到他再次回到中国的土地上之前,他对选派他的事情一直没有做出任何的评价。

"我回来了,心情很愉快。对于一个老人而言,还是回到自己的土地上,与族人在一起比较踏实。至少,我是这样认为的。老年人不醉心于异域奇景。到了这个年纪,正准备着九泉之下的美景。常常听人谈起九泉之下,但他们也只是说得很多,并不能描绘得很详细。"

"我纳闷,为什么俄国指定朝廷,要求派我前去?这当然是最大的褒奖。我有资格感到受宠若惊,但是王之春也配得上这份荣耀。他还告诉过我,他是多么合适的人选。而就在那时,俄国人发话说,如果我去,他们会更高兴。这对王之春来说,显然是一个打击。太后听了,也不是很高兴。但是有人告诉我,一开始,朝廷选定的人就是我。"

"长期以来,俄国人一直想给我留下这样的一个印象,就是他们对

---

① 译者注:王之春,晚清官僚,为湘军旧属,曾与彭玉麟等一起提倡创办船山书院,后回国任四川布政使、镇压余栋臣起义,后调任山西、安徽、广西巡抚。曾主张出卖广西矿产权益,借助法国势力镇压人民起义,激起国内拒法运动,遭到革命党人刺杀未遂。次年,被解职。

我的评价很高。也许他们是真心这样想的，不过极有可能另有自己的打算。我从不怀疑这一点，但是我可以告诉他们。国家的利益高于一切。如果我在一些问题上支持俄国，这么做，只是因为我大清国会是最终的受益者。过去这么多年来，我一直想让俄国明白，朝鲜不能从我们手中被夺走。但是最近，俄国的立场变了，沙皇不要以为给了我这些荣誉、偏爱和恭维，就可以从我这里得到什么。"

"加冕典礼确实很壮观。即使有人告诉我，我是典礼上的中心人物之一，我也会这样说的。沙皇甚至告诉我，我的吸引力甚至超过了他本人。但这些都是西方人的恭维话，难道我看不出美丽的皇后才是典礼上的焦点吗？"

"当她与我亲切交谈，向我举杯微笑时，我相信这是值得记忆的赞美。当我回国后，向太后和她身边的奴婢描述沙皇皇后的美貌时，她们都说，她本人肯定和相片上一样可爱。我从俄国给她们带来一些沙皇和皇后的相片，给她们欣赏。她们见后，大为惊奇。"

"太后问了我许多有关于俄国朝廷的难题。我尽力机敏地做出回答。她想知道沙皇皇后是否是一个强权的人物，她身边是否有很多的太监。但是我回答说，沙皇皇后亲自持家，甚至亲自给孩子喂奶。而且，并没有听说和见过俄国有太监。"

"她说她希望我知道，俄国沙皇的皇后是如何保持生育能力的。但是我告诉她，俄国皇后一点也不老，年龄只有我的一半，而且她是一个非常爱惜自己的女人。"

"我完全没有冒犯太后的意思，但是她不耐烦地告诉我她以后再问我有关于俄国的事情。她现在要和奴婢们聊天，太后意在告诉我这次召见结束了。"

"腊月二十一日——我接到通知，说我因违反宫廷的礼仪，被罚俸禄一年。被罚俸禄是小事，但是我很想弄明白，自己是如何惹恼太后的。"

"腊月二十一日，晚些时候——朝廷的信使到了，带来了圣旨的复件。朝廷将'御赐双龙宝星勋章'[①]赏赐给我。复件上说，圣旨的原件是太后亲笔写的。我不禁去想，内心里，太后其实也没有觉得我违反了什么宫廷礼仪。但出于官方的威严，她还是罚了我三万七千两的银子！"

"御赐双龙宝星勋章，我真是无比欣喜，早在长途跋涉去俄国首都莫斯科之前，我就期待着得到它。"

佩戴双龙宝星勋章的李鸿章

"如果我不是身为汉人，而是一个八旗子弟，或许我能更容易获得它。因为朝廷只把它赏赐给满洲皇室血统的人，极其特殊的情况才例外开恩。也许太后把它赏赐给我，是不想看见我再当面冒犯她，因为佩戴它的同时，我也就拥有了一份特权，觐见时下跪与否全随我愿。涉及宫廷礼仪诸事，面对那些权威高于我的人时，我必须小心应对，因为我也期望那些无法和我平起平坐的人，能以起码的尊重待我。"

几天之后，李鸿章如是写道："我相信，无论对于哪一个阶层的人，说谎者是最坏的人。当朋友们为我获勋欢喜庆贺，纷纷给我寄来长长的贺信和许多的贺礼之时，我的政敌们却说太后赏赐给我'御赐双龙宝星勋章'，是为了讨好俄国人。而我被罚一年俸禄的事情，说明我在遵守宫廷礼节方面是个无知之人，屡屡冒犯朝廷的天威。我的秘书告诉我，有很多人找到他打

① 译者注：晚清时代，中外国际交往日益增多，许多国家为了联络情谊，对外国重要来宾如使节、要员等，往往赠以本国勋章。然而，清政府按传统却是赠赐马褂、花翎、顶戴等物，与国际惯例很不相宜。于是，清政府于1891年十二月，按照总理衙门建议设置了"双龙宝星"勋章。这就是中国历史上的第一枚勋章——御赐双龙宝星勋章。

探我的小道消息，问我是不是告诉太后，如果皇室妃子和公主们效仿沙皇皇后，就可以让她们生出更多更好的孩子。谎言！恶毒无稽的谎言！任何一个心智健全的人都知道，即使我有胆量，我也绝对不会对太后讲如此的话。更不会对皇室血统的任何一个人说这些事情，我对宫廷内务根本不感兴趣，一个人能把自己的家事管好就成了。”

“有人散布有关我的谎言，或者恶意篡改我说过的话，这并没有什么大不了的。四十年来，这样的情况，我遭遇得太多。但问题是，那些品质低贱、无知无识的人，听到这些话，再加上我被扣薪一年，他们会真相信我说了这些丑陋的言辞。然后，就会产生更多传言和闲话。天知地知，我从来没有说过任何让宫中女人蒙羞的话。我确实称赞过俄国沙皇的皇后，但并未用嘲讽、贬损过任何其他人。”

以“头等钦差大臣”身份出使俄国时，李鸿章在圣彼得的日记中谈到其他事情：

“朝廷嘱咐我，回国时取道君士坦丁堡和苏伊士运河，但是我不同意这个计划。既然已经走了这么远，我想顺道去一趟德国和法国。然后去英国和美国。我想去看看这些大国，而且顺道处理两国之间的若干公务。这里所有的人都告诉我，高傲的英国人是不会盛情招待我的，但他们也不会伤害我就是了。我也不会给英国人造成任何利益上的损害。如果他们给我冷脸，客房冷清、桌上空空，我就不做停留。因为路途遥远，俗话说得好——盘缠充足的旅人，是不在乎沿途官员的脸色的。我也不在乎那种瞧不起人的势利国家。”

“今晚我要出席沙皇举办的第一个宴会。希望时间不要像昨天那样那么漫长。事实上，他们专门为我准备了食物。但是还是做得无法和家里相比，也没有我自己带来的厨师做得饭菜好。不过，我自备有上好的茶叶，是送给沙皇和皇后的礼物。厨师会教他们怎样喝那些中国的极品好茶。”

离开俄国动身前去德国首都之前不久，钦差出使大臣李鸿章写道：

“——星期一，我们离开俄国，动身去德国人的土地。他们告诉我，从这里到俄罗斯的西部边境要走上好几个小时。如果我们向南走，还要远上三倍。向北走，沙皇统治的疆土延伸至大陆的最北端，终年冰封山湖。”

“我经常研究世界各国的地图。我当然很早就知道俄国是一个幅员辽阔的大帝国。但是只有置身其中进行旅行，才真正知道它有多么辽阔……我不禁想到，它要比大英帝国强大和物产丰富得多得多。如此多的领地、岛屿和属地分散开来，如同庞大谷场上散走的家禽一样。从这个方面来讲，中国和俄罗斯是非常相似的。很可惜的是，我们的国家还没有学会如何团结一致，抵抗外敌入侵。这就是中国和俄国的差异所系。很多国家胆敢骚扰中国，却没有一个国家敢于打搅俄国。如果俄国不总是想着干涉中国的内政，我们有可能会是非常强大的同盟。”

“星期日晚——今天下午，所有人都去教堂做礼拜。礼拜的时间很长。当我终于可以和沙皇会面时，已经很疲倦了。莫尼夫医生是俄国政府为我们安排的家庭医生。他给我打了一针，还送给我一大瓶的白葡萄酒。所以，当我到达城堡的时候，感觉自己像个小伙子。我告诉沙皇陛下，长时间的礼拜，再加上缭绕的焚香，我都快病了。听我说到这里，他开心大笑起来，露出洁白漂亮的牙齿。他说我几乎是所有宾客中，看上去最为健康的一位。”

“陛下何时访问中国？我问他。”

“他又笑了，然后说他也许会在合适的机会安排他的妻子去远东会见皇太后和中国宫廷中的女士。”

“我觉得，沙皇尼古拉[①]的身体不太好，待在室内的时间太长，或者担心健康问题，这让他看起来太过于倦怠。他是一个统治着这么大一个国家的小个子。虽然有人告诉我，拿破仑的个子更小。俄国首都有

① 译者注：这里是指沙皇尼古拉二世，俄罗斯末代皇帝，在位时间 1894 年—1917 年。他对内镇压，对外扩张。却一事无成。1905 年旅顺被日本攻克之后，首都发生流血星期事件，引发了 1905 年革命。十月革命后，他被革命党人秘密处决。

很多的大个子，沙皇被他们围绕着。他的士兵，特别是他皇家卫队的士兵，都很有气势。我相信，日本人看见这些俄国士兵，撒腿就跑。”

“我得到消息，明天一大早动身。这个安排不合我意。我情愿现在就出发，在火车上睡觉。这么早起床，似乎是西方人愚蠢的惯例。尤其是对于政治家而言，这样做更愚蠢。等到晚上，一切都要静下来，头脑最为敏捷的时候，处理各种事情，岂不是更好吗？”

“但是我听说这些政治家和立法者，喜欢晚上出去寻欢作乐。他们出席宴会，光顾戏院，参加奢华的派对，而且经常玩到晨星破晓的光芒再次出现。所有宫廷所熟知的阴谋诡计，应该都是在那些地方策划出来的。女人们不能进入议事厅，也不能在国会上发言。不过，她们可以在派对上，或者剧院里耍些花招，干扰政务。”

“星期一，火车上。——这辆火车比先前所有的火车开得都慢。我去询问原因，被乘务告知说，因为车上有很多的外国高官，俄国政府不希望发生任何不测，产生任何风险。”

“沿途到处都是士兵，每次火车靠站，都不许老百姓靠近。”

“在中国做官已经够糟了，需要忍受谎言、谩骂和谣传。但是这是在俄国，他们只要有机会，那些乱党们就会刺杀政府的高级官员。有个人告诉我，俄国有一个很大的秘密组织，它的成员遍布沙俄全境。他们主要的工作和娱乐活动，就是杀死俄国或者其他国家身居高位的官员们。”

“即使可以拥有美丽的沙皇皇后做妻子，喝到最珍贵的茶，我也不愿意跟沙皇交换位置。特别是最近几年来，我一点也不担心被人夺走性命，除非是特别狂热的疯子，就像是在马关遇到的开枪射中我眼眶的日本浪人。最初，我在汉口做湖广总督时，有卑贱的人到处扬言要除掉我。还有一次在天津，当时我担任着直隶总督。一个恶徒走进了我的院子，对着当班的侍卫长说，他要杀了我。他手里拿着一根长绳子，说是要把我吊死在自家的门柱上。在他闭嘴之前，我必须差人砍了他的头。”

“靠近德国，未时——刚刚刮过头，感觉很好。我想，某些俄国人那样顶着一脑袋的头发，简直是疯了。许多国人爱拿我的长而蓬松的胡子开玩笑，但是我希望他们能见到圣彼得堡宫廷里那些毛茸茸的脸。与我相比，他们的确是一群红毛鬼子。”

“母亲说，我还是一个小婴儿的时候，就有将来一定是虬髯客的迹象。她曾断言说我将来一定会长成为国家栋梁。当我做出很多的成绩以后，她很多次问我：我的预言是不是很准确？每次我都被迫回答她说，我真的不知道，但是如果她认为我是个大人物，那我就是。”

“拿破仑在严冬从法国出发，走了这么远的路！他要么是个勇敢而意志坚定地人，要么是个傻瓜。因为即使是在现在，火车上提供了最好的食宿，还有士兵保卫着而不是攻打我们，这依然是一个漫长而严寒的旅程。有些乡村的景色很美，但有绵延好几百英里的荒原。那里只适合绵羊、山羊甚至是野狼生存。有羊的地方总会有狼，人类的生活，国家的命运均是如此。”

“我不愿被我的同胞当成一头狼。”

“但是我曾经被用更为恶劣的名字称呼过，甚至那些被国人憎恶、而我极力保护的‘洋鬼子’们也曾经诟病过我。这是多么荒唐的事！戈登曾说，他知道我的野心是推翻大清朝，自己做皇帝。当我身处拿破仑走过的道路，回忆他统治这个国家的野心时，便会想起他这个说法。在患难之时，戈登是位很好的朋友。时而至今，回想起他来，我依然把他当成生命中的至交。当然，要不是我的金钱和影响力，他也不可能把‘常胜军’团结在一起。不过，我从未有跑到中国京师去做皇帝的野心。”

“火车上现在满是兴奋和欢悦的气氛，因为我们已经抵达了边界。有很多士兵护卫着，远处的人们在注视着火车。我估计很快就要见到德国人了，因为我听到礼炮齐鸣，军乐声声了。”

“我希望军乐声停下来，不要在如此近的距离上刺痛我的耳朵。我想知道是否能见到克虏伯先生。”

几天后，已经身为德国政府的客人李鸿章又在日记中用很长的篇幅说起中国的戈登将军，那个"常胜军"的英国统帅。1863年，李鸿章曾经雇用他，成功地镇压了太平军起义①。

"英国人想知道到底是什么，造成了我和戈登将军的不和。我曾经被多次指责过，传闻说我嫉妒他的军事指挥才能。我不得不告诉他们，根本不是这样。我为什么要嫉妒他？他直接受我的管理，没有比看到他指挥的'常胜军'打胜仗，把太平军的将领们赶出苏州城里更让我高兴的事了。戈登不急于剿灭太平军。我知道他曾经密奏朝廷，请求朝廷任命他为中国军队的总司令。其他总督统领的军队也交由他统帅。他不知道，没有人能有权授予他如此无限制的权力。外国人的骄傲让他们以为他的权力在我之上。他犯了错误，而且犯了很多的错误。但是我一直忽略不计，只考虑他为大清国所作出的贡献。"

"然而，他犯下的决定性错误，我不能熟视无睹。因此，我上书朝廷，解雇了他。他永远不能再为朝廷效力。"

"他的错误，令人痛心。他指责我背信弃义，在自己的船上杀死了太平军的所有降将。在此，我要把事件的真相重申一遍。此前，在1866年，我曾向北京总理衙门汇报过。那时，我亲自奔赴山东，镇压那里的暴乱。"

"慕王告诉苏州城的将领，他绝不向清军投降。他会继续打十年。这种言论招致了杀身之祸，纳王向我表达了投降之意。我立即把这个消息告诉了程学启将军。"

"与此同时，戈登将军认为他从太平军将领的投降中，并没有获得应有的荣耀。于是，把'常胜军'全部转移到了过去的昆山总部。这一做法违反了我的命令，也违背了程将军的劝告。但是戈登宣称，我们欠了他很多的军饷。这属于实情。但是我们并没有承诺他什么。在太平军投降之前，他也不要期待有任何的赏银，这也是事实。他感觉自己被

① 译者注：以下段落，读者可以和前文第三章记述戈登之事参照阅读。

我们怠慢了。于是，贸然上书朝廷，并等待朝廷回复他的请求。据我所知，他启奏太后的那份奏折，还说了很多坏话诋毁我。”

“当酒宴摆好，我们都沉浸在胜利的喜悦中。有人向我汇报说，两条大船已经起锚，并朝着我们这条船冲了过来。我去近旁的船舷观察。正值晚间酉时（晚上七点左右），我看不清楚情况。但我察看到，似乎戈登本人正率领着其中的一条船。我回到宴席间，告诉太平军的降将们，戈登来了。程将军的脸色突然变得煞白，他靠近我耳边说，他觉得情况很不对，感到非常担心。他究竟担心什么，并没有直接说出来告诉我。就在我、程将军和太平军纳王到船边上岸前，大英帝国的官兵已经从两侧爬上了船，见人就砍。他们杀死了我身边的纳王，另一个家伙则捅了程将军一刀，但好似并不严重。一个军官举刀向我砍来，但当我举起手准备反击的时候，他跪了下来。”

“我和程将军几人成功地逃逸，登上了一条兵船小舢板。船夫把我们送上了岸，我立即命令集结城里所有的军队，抓捕发动袭击的人。但是大家反击太平军的情绪太强烈了，我想，他们没有执行我的命令，而是对所有太平军投降者大开杀戒。那天晚上，我得知，留在船上的所有人都被砍头了，尸体被抛在了河里。其中，有一个我非常敬爱的朋友，还有一个是我的亲外甥。”

“我要让英文秘书把我写的东西翻译出来，并抄写很多份。如果有英国人士调查戈登之死，问及此事，这份材料就是我的口述声明。”

显然，英国记者并没有问到苏州杀降的事件，因为李鸿章乘着亚特兰大号客轮横渡大西洋两周后，写下了这样一行字：

“在英国时，只有首相格莱斯特顿先生提到了戈登——我想，大多数人已经忘记他了。”

第十章　德意志纪行

在德国停留的前五天，李鸿章连一行日记也都没有写。尽管他屡次提及“再次把钢笔握在手中”，但是他还是在过了许久之后，才记录下了当时的全部经历。与其说是用“钢笔”，不如说是鹅毛笔，因为他很擅长使用鹅毛笔，只有在书写正式的或更重要的文书时，他才使用他在中国寻常所用的毛笔。

在埃森时，他写道：“在成为德国政府客人的同时，我也收到了克虏伯[①]先生的请柬。很多年来，我一直渴望见到他。我不知道盼望见到俾斯麦首相多些，还是克虏伯先生多些。但是不管怎样，这两个人我都见到了。我能自由地与他们交谈，我感觉在德国，没有其他诱惑或利益等着我。而与他们沟通，我得到了很好的回报。这两个人中的任何一个，都非常会工作：克虏伯安安静静地制造他的大炮，俾斯麦则想方设法将大炮使用出去。德意志皇帝是德国的元首，然而俾斯麦才是德国上下遇到大麻烦时，最坚实可靠的磐石。”

“前天，我与俾斯麦首相进行了友好的会晤。他让我喝了些啤酒，我一点都喝不下去这种口味奇怪的饮料。但是他说，如果我想在德国多待些时间，就一定得适应这种奇特的国民饮品。我告诉他，我没有盼望再活多少年，也不太可能适应这种国民饮料。”

“我们一起抽了中国的烟丝，这次会面持续了很长的一段时间。

---

① 译者注：阿尔弗雷德·克虏伯，德国军工实业家，军火大王，克虏伯家族的奠基者。

李鸿章与俾斯麦

打搅我们交流的，只有翻译和送烟袋、茶水的仆人。大部分时间，我们讨论的都是国际政策。最后，我们还谈到了德国可能给远东地区造成的影响。”

“‘您可能在中国很少见到德国人，’他说，‘因为总的来说，德国还是一个新生国家。但是，德意志帝国统治欧洲的时代一定会到来。咋咋呼呼的英国，有一百个弱点。而且它知道，如果和一个实力新兴的强国发生冲突，就意味着毁灭。我讨厌英国人自吹自擂，尽管英国王室也有着德国血统。’”

“在我们的会谈接近尾声时，实际上，是在我们即将分别时，我告诉俾斯麦，西方人恭维我是‘东方俾斯麦’。俾斯麦的表情很严肃，好像一时没有听懂我的意思，在仔细琢磨。接着，他浓密的眉毛向上翘了一下，微笑着对鲁夫巴赫上尉（在德国人里，他的汉语说得最好）耳语道：‘告诉中堂，法国人根本不把这句话当成一种赞美说出来！’我们握了握手，表示英雄惺惺相惜，因为我们都知道法国人根本一点都不喜欢俾斯麦。”

“我发现，俾斯麦和所有西方人一样，恭维话脱口而出。因为我们刚握上手，他就说：他们管中堂先生叫‘东方俾斯麦’是吗？我想告诉您，我俾斯麦也盼望得到‘欧洲的李鸿章’的称号。”

“从柏林来到埃森时，我们很自然地谈起了克虏伯先生。俾斯麦说，克虏伯是个随心所欲的皇帝，乃是‘埃森的皇帝’。德国不赞成打仗，他说，但是强大的武器装备对一个国家来说是必不可少的，犹如警察手中的棍子。警察不会向无辜者头上挥舞棍棒，但是他会让更多可能做坏事的人清楚地看到他手中的棍子，这样他们就会知道，这位警察正时刻准备应对麻烦。如果一个警察四处巡逻，手里只拿着一根羽毛或者是一小捆干草，恶徒很快就会发现他的弱点，而后猛扑向他，夺走他身上仅有的财物。”

“埃森也是如此。克虏伯先生在那里建了一座大型工厂，为几千人提供了谋生之路。即便他生产的大炮没有一门开火，他仍然是德国的恩人。但是如果所有大炮都不开火，德国却能保持安宁的话，德国人会认为他更伟大。他为祖国赢得了一次又一次的胜利，公众对此一无所知。今天的埃森，到处传唱着和平之名。明天，敌人将从一千名埃森人口中听到团结的德国之声。没有比这更令人信心百倍的了。”

“应着俾斯麦的要求，鲁夫巴赫上尉陪我来到埃森。我很高兴他这么安排。因为他好像什么都了解，也能把他知道的讲出来。上尉在北京和广州的领事馆供事多年，汉字写得也很好。我想，我应该请求德皇，让他同我一起回去。”

“那一天，克虏伯先生给我看了一幅他本人的画像，画像外镶着铁框。我请求他，把这幅画像送给我，因为我非常钦佩他。他说这是穆勒为他妻子而画的。但是克虏伯夫人很高兴我能拥有它。克虏伯先生还送给我一座微缩的炮台，炮台的大小正适合孩子玩耍。实际上，他让六名穿着红衣服的小女孩把它们拉进我的房间。每台小炮上都系着一根黄丝带。我想，其中一个小女孩以为这是真的在打仗，她很害怕，过了一小会就哭了起来。而且她是带头进来的，很可能是小小的炮兵团长。事情经过就是这样的。这不禁让我回忆起往昔，还曾记得，有一次我们与敌人交战，军官们都是懦夫，士兵们却个个骁勇异常。”

“馈赠和接受礼物时，克虏伯先生及夫人、冯茨伯格将军、格雷格伯爵夫人都在场。克虏伯先生作出简短的致辞，我随后也发言作答。鲁夫巴赫上尉翻译得很精彩，但是他漏掉了最后一句。我提醒他注意，他满脸通红，很显然，有些尴尬。但是我只是重复了先前说的话，

李鸿章赴德国采购的克虏伯大炮

他把我的意思传达给了在座的各位。可怜的家伙,他以为这次会冒犯我们。”

“鲁夫巴赫的话刚出口,所有的人都大笑了起来。克虏伯先生还拍了拍我的肩头,做得像是一个开心的兄弟那样。”

“是的,您应该有一套,一套真的长枪!他说了两三遍。我告诉他非常感激对我的高度赞美,他说我代表中国政府和人民。与此同时,我相信如果能赠一套长枪,他的兵工厂的名声或许在东亚会更大。”

“于是,今天上午,我去了克虏伯兵工厂。六杆锃亮的长枪摆在了我的面前。这是克虏伯先生送给大清国政府的礼物。这份礼物的价值超过十万八千两银子。但是我并不认为,他的慷慨大度会让他损失什么。因为我已经让随行吩咐这里的两位德国工程师挑选三组野战炮和四杆十英寸的枪,近期就把它们运送到中国。我们还要从他这里购买德国的火药和炮弹。”

“第二天,天黑时——今天,我拒绝所有的访客,因为我要缅怀已经升天的母亲。她在十四年前的今天去世的。这么长的时间里,她盼着在九泉和平的阳光下与我相见。一辈子经历了这么多的事情,烦琐也好,哀伤也好,欢乐也好,荣耀也好,无论遇到什么,我都不会忘记已经升天的母亲。我都不会忘记她一直以来对我的谆谆教诲。"

"父亲比母亲过世早很多年。他的墓地恢弘肃穆,母亲曾多次请求神的保佑,快点让两人的灵魂在九泉之下相会。我母亲从没有想过自己结束生命,很多愚昧的中国女人认为,早日结束生命,与死去的夫君团聚是伟大而光荣的。这就是所谓的烈女殉节。甚至很多有知识的人也是这样认为的。但父亲挚爱的伴侣,我的母亲并不是这样认为的,她认为即使这么做,也不会让早逝者欢欣。"

"早年间,我曾有过许多念头。现在想来,都是愚蠢而邪恶的,那些想法与常识以及理学相悖。其中之一,就是有关于自杀。另一个就是杀掉婴儿。如果一个男人或者女人颜面尽失,而且绝无挽回的可能,他或者她最好被深埋于九泉之下,而不是或者看见自己每一天都生活在羞辱中。当然,如果她生性又太懒,自杀是一个不错的选择。"

"如果一个朝廷的命官,得到过很多的荣誉,却因为贪污挪用了公款而被抓,而且即使拿出自己最后一个铜板,也无法全部偿还他贪污的钱,他最好是服毒自杀。因为他死了,家人、朋友和朝廷会给予他较高的评价。但是如果他坚持活下去,即使律法不能惩治他,他的每一天都将比前一天更可耻。而且对于他的家庭而言,每过一个时辰,他的罪孽就会加重一分。"

"如果一个高级官员,发现他的国家因为自己受辱,即使他本人没有过错,为了表示爱国,他也要痛快地结束自己的生命。因为他知道自己曾经引以为豪的名字,将永远和失败与屈辱联系在一起。那么,他又有什么幸福可言呢?"

"我要赞美我悲壮的水师提督丁汝昌。我要在杰出的张文宣将军(译者注:张文宣,字德三,安徽合肥人,张家与李氏家族互通姻娅,关系极为密切。李鸿章兄弟读书、婚宦都受到张家资助,因此李鸿章对张氏一族特别关照。1871年张文宣中武进士，后进入北洋水师，在甲午战争失利后，以死殉国。)的墓前鞠躬！我要为英勇无畏的刘步蟾[1]总兵官焚香祭魂！即使战败了，他们同样受到了全世界的尊重。他们的魂魄将与我们高贵的祖先同在，他们的灵魂也在九天之上得以宽慰。就连日本人在海上和陆地上打完他们的胜仗之后，也忍不住向这些英勇光荣的海陆军将领致敬。”

“我一直不太喜欢日本人。但就朝鲜问题，我国被迫与他们发生战争时，我从心底里憎恨他们。因为两千年来，朝鲜一直是我中华的藩属国。但是我个人还是崇敬伊藤博文力排众议，号召议和的高尚行为，我才准备与他议和。”

“如果一个人遇到这等家国大事，他有充分的理由自杀殉国。但是，很多人只是在日常生活中就随随便便了结了自己的性命。自杀的理由，甚至还够不上判一个无赖乞丐入狱待两天的。他们做事的动机是非常可笑、自私与愚昧的。他们内心太骄傲、太把自己当回事，非常想让别人都称道他们是勇敢无畏的。很多寡妇割喉、投河上吊或者吞下大量的砒霜，以示对亡夫的深情。这是多么愚昧的行为！如果她们这么想，并真的这么去做，那一定是愚蠢到家了。事实上，寡妇很懒惰。她害怕没有其他男人提供其生活来源。如果是这样，她既不能欺骗自己，也不能欺骗成千上万来开心观看她自杀的人们。寡妇再嫁，并鼓起勇气生活，才是对逝去的人最大的致敬。当然，如果她太懒惰，自杀是个不错的选择。”

“小时候，我生活在安徽老家。有一次，我犯了错，一些朋友告诉我，只有投井，才能挽回我自己和家人的面子。我犯下的错误是：我捉住了池塘里的两只鸭子，杀掉煮了吃了。我父母和鸭子的主人没有严

---

① 译者注：刘步蟾，字子香，汉族，福建侯官人。清末海军将领。毕业于福建船政学堂。1875年被送往英国学习枪炮、水雷等技。回国后由李鸿章推荐，协助制定海军军制、营规。1895年赴德国购领船舰，任北洋水师右翼总兵。1894年中日战起，黄海战役中丁汝昌受伤，他代为督战指挥，鏖战三时许，多次击中敌舰。次年，为威海卫海战中英勇抗敌，以身殉国。

厉地惩罚我，但是我仍然心存愧疚。虽然我让家人和自己丢了脸，但我并不准备去死。我跑去问我母亲，我是否应该跳井自杀。她说绝对不可以，那样做绝对不成。对我而言，更好的方式是在明年收获的季节去挣更多的钱，除了赔给人家两只鸭子，还要给人家送一只鸭子和七枚鸭蛋。我听从了母亲的建议。除了赔了人家鸭子，还给县官送去了一只肥兔子。从此以后，他成为了我的好朋友。”

“我人生最大的悲痛，莫过于母亲的死。我本想守孝三年，但是朝廷正和俄国人谈判朝鲜问题。我被迫与总理衙门的人保持经常性的联系。”

“刚才，秘书给我递送了一份来自冯·毛奇[①]先生的信。我要留到明天再看。今晚，我必须诵经纪念母亲，以及为她写祭文直至深夜。”

“我把那组小炮的炮口一致指向东北方向。好像在说，如果再与日本交战，我们将会做好更充足的准备，一定要击败倭寇。那套玩具满足了我争战的天性，像孩子般对战斗充满向往。但是，现在要是能送给我一批真正的枪炮，我想我会更开心！”

“现在(晚上八点)，我要研读两个时辰的《孟子》。”

“早上——冯·毛奇的来信只是表述了，他希望我在到达波茨坦之后，能够与我见上一面。他自己要去席凡宁根(我不太写得溜这个古怪的名字)。”

“我永远不会忘记S城(他在日记中代称波茨坦)当地人民为我燃放了烟花表演。中国的烟花种类繁多，燃放的时候精彩纷呈。但是，我在S城所见到的烟花表演，就像是把空中所有的精灵都聚集了起来，为我在欧洲唱出了一次家中的堂会。焰火的图案有男人在打仗，也有船只横行。我在中国也曾经见到过这些，同时还有非常漂亮的金龙，以及太后老佛爷和皇上的照片。最后，礼炮阵阵，军乐齐鸣，李鸿章中堂穿

---

① 译者注：这里是指小毛奇(1848—1916)，德意志帝国陆军大将，他是德皇威廉二世的侍从武官出身，性格软弱，却深受德皇宠信，超越许多比他更能干的人出任德军总参谋长。曾主持一战初期的施里芬计划，计划失败后被解除职务，默默无闻的死去。

着黄马褂的照片出现在天际！尽管他们已经事先通知了我，这场焰火晚会是为了向我致敬。但我还是没有想到，会看到这么精彩的一场表演。那天晚上，我穿的正是皇上御赐的黄马褂。由冯盖特纳率领的军事委员会和由桑德斯市长领导的城市委员会来访时，我也整齐地穿着它。”

身披黄马褂的李鸿章

一段时间以后，李鸿章在旁注中解释说，一个随从打断了他的盛宴。他给李鸿章带来了很多重要的电报，其中一封来自美国的克利夫兰总统。他以美国人民的名义邀请李鸿章到美国去访问。这封电报还代表了美国国务院询问李鸿章到达美国的大致时间。

“不莱梅港（离开波茨坦三四天后）——据我一路所见所闻，我越来越相信，德意志帝国的皇帝和首相俾斯麦的判断无疑是正确的。他们断言，德意志帝国注定要成为欧洲的主宰者。这个国家整齐划一的管理和行动，给我留下了极其深刻的印象。陆军公事公办，海军公事公办，整个国家机器极为高速地运转了起来，比我们广州城中最好的大钟还要精准。”

“今天早上，我们一行人在一群高官的陪同下来到这里。我们还将在这里会见其他人。整个城市披上了节日的盛装。我真不敢相信，我只是一个访问这个国家的外国人，而不是这片土地上的君王。”

“我听说，今天这里来了成百上千的外国人。大部分人都介绍我认识了，有英国人、法国人、还有美国人——据说美国人非常富有，他们可以买下停泊在这座良港的海岸边整个伟岸的舰队。”

“亲自上阵杀敌，对我来说已经是很久以前的事情了。我现在太老了，不可能再亲赴沙场，杀敌建功了。尽管如此，我的眼睛还是不知疲倦地看着士兵军团和大型军舰通过。”

“从他们的回答中，我大致了解了大部分德国船只的造价。这里有个很大的船坞，德国人打算在国内自己组建一个规模庞大的海军。我多么希望中国也能组建属于自己的舰队，由真正的炎黄子孙——我们自己的海军官兵驻守海防。但是我们没有海员，只有河里的水兵，他们不知道如何操纵机器。但我相信，他们有朝一日一定会学会的。回国后，我将发展西方工业文明作为己任。我们有着悠久灿烂的历史与文化，远远领先于西方国家，但是西方国家有金钱与枪炮。”

“今天，想起来很难过。我看见那么多装备精良的军舰闲置在港口，并没有对海军起到什么特别的作用。如果这些舰艇在我们的手里，我们一定能打败万恶的日本人。”

“一些官员不断给我暗示，请我在不莱梅订购一两艘船。我对站在身边的一位海军司令官说，如果你能把那条船以二百三十万两银子的价格卖给我，我就乘着它去法国、英国和美国。他夸赞我好眼力，有足够丰富的海军知识。我选中的那艘船，正是德国海军中最为坚固的铁甲旗舰。”

“两天后——我们已经到达了法国。不知为何，我在这里感觉更加舒服，似乎到了家一般。只是胃不太舒服，因为这两天禁不住诱惑，吃了太多的德国食物。也许是葡萄酒作怪，我喝了太多了。我很喜欢白葡萄酒，哈慈菲尔德伯爵说，他会运送很多桶葡萄酒到天津馈赠给我。”

“我们穿越边境进入法国时，七万五千名法国人正向德国人投降。[1]”

① 译者注：指普法战争刚刚结束，法国战败。

第十一章　出访法国和英国

“LA BELLE FRANCE，他们是这样称呼这个国家的。”在巴黎的第二个晚上，李鸿章总督是这样写道的，“他们告诉我，这句话的意思是‘美丽的法兰西’。我的感受的确如此。我们甚至还可以加上许多的形容词，称之为美丽、优雅、快乐的法兰西。的确，这是一块令人欣喜的土地。一路走来，我的心情如此舒畅，从来没有一块土地令我如此欢喜。”

“也许，这种想法之中还夹杂着一点爱国情怀，因为我发现，梅斯和巴黎之间的一大片的土地，与广东和江苏之间的十分相似。当然，房屋

法国人画的李鸿章漫画

和篱笆有很大的差异，人与人也截然不同，但是，从火车车窗往外望出去。绵延数英里的风光与中国的中部和南部地区一般可爱。树木、植物和草地，呈现着同样的绿色，偶尔还有其他颜色。如果把房子的风格变一下，或者把它们隐藏来，再有几个同胞站在铁路沿线，我会很容易相信，这只是距离广州两三百里远的地方，而不是巴黎周边地区。”

“强大的德国军队攻占的就是这个国家。德国军队由普鲁士国王领导。率领作战的是我的朋友——战略大师冯·毛奇和俾斯麦。他们指挥行动起来，有如无声之雷，似可怕的闪电。俾斯麦慷慨大度地请我喝了那么多宫廷啤酒，就是因为他征服并羞辱了拿破仑引以为傲的国家。想起这些事，真是非常地有趣，但是我想，法国人民宁愿忘记它。”

“事实上，我相信他们早就忘却了，因为他们被我们中国人称作微笑的民族。法国的老百姓与俄国人、德国人有很大的不同。俄国的老百姓好像没有什么热情，他们的脸上呈现出一种晦暗的尊敬与畏惧，以及一种不敢表现出来的无助。德国人有热情，但是那是一种坚硬、实际的热情，或许，他们遵循的是一种讲究实效、科学严谨的生活方式。他们常常会大笑、歌唱、高声讲话，但是不管怎样，给我的感觉好像这三点都源于啤酒和葡萄酒的刺激，而不是发自内心的。”

“但是法国人，就像我说过的那样，非常不同。老百姓的脸上，哪怕是小男孩和小姑娘的脸上，都仿佛洋溢着一种诚挚的喜悦，好像他们早就知道生活里有许多美好的乐趣，他们愿意不费吹灰之力就把它们找出来。”

“今天上午，我短暂参观了法兰西银行。财政部的勒鲁先生把我介绍给法兰西银行的各位董事会成员。我对这个了不起的机构很感兴趣，他们告诉我，欧洲一半的国王和王子都持有这里的股份。我想知道，我是否也能在此贷款上几百万法郎？当时我们都在董事的办公室，出于幽默，我让随行问问他。”

“董事长立刻回答道：‘好啊，中堂，五千万，按您出的条件！’”

“我不禁有点结舌。随后，我告诉他我是开玩笑的。他回答说，如果什么时候大清国真的打算贷款，法兰西银行随时恭候。”

“将近一个时辰的时间里，我一直在询问有关法国现有金融体系的问题。我相信它是全世界最简单，同时也是最完美的金融体系。勒鲁告诉我，如果为了政府用途，必须从金库里取出每一个铜板，那么四十八小时之内，法国所有的分行接到通知，都能按要求准备好所有的银两。”

“听到这里，我不禁大吃一惊。我感到好奇，这可能是真的吗？”

“我了解到，法国人几乎不知当铺为何物，向他们打听有关当铺的事，把回答问题的人都给逗乐了。因为巴黎的报纸（我猜想，英美的媒体也是一样）广泛地报道了此事，说我本人的大部分财产，都投在中国的当铺生意上。其中一家法国画报，自以为幽默，昨天还给我画了一张漫画。画面中，我长了一只犹太人式的长鼻子，一只手托着西方借贷的标志物。法国的秘密警察部队的警察长沙特弗先生，专门负责我在巴黎的安全。他问我是否诉诸法律，控告这个出版商。我告诉他说不用，因为我也跟所有人一样，都被这张漫画给逗乐了。”

“在西方人的世界里，好像大家都会鄙视小债主或者更确切地说，借出小额钱财的借贷人。因此，当铺老板这种身份在社区中是不受人欢迎的。这种人会遭一般百姓的鄙视，因为他们压榨借款人。”

“他们认为大清国的大部分当铺都归我所有，虽然这种说法太过于夸张了。但是，我确实对在一些省份中设立当铺感兴趣。我也不觉得这有什么丢人的。恰恰相反，我非常乐于帮助穷苦的百姓，经常地向他们提供小额贷款。哪怕他们抵押的是货物、苦力或者仅仅只有一份如期还款的诺言。我知道，表述自己的美德不合礼仪，但是任何一个遭受攻击的人，都有权利和义务为自己的名声和人品辩护。因此，我要说尽管我从典当生意中获得了相当大的财富，但我并没有收取过多的利息。如果我冷酷无情地对待那些从我的当铺里借钱，却无力偿还的人，今天，我一定是世界上最富有的人之一。而且，我从未有把自己苦心经营得来的财富用于不良的目的。我既没有沽名钓誉，也没有买官进爵。

我宁可用刀子割破自己的脸，也不愿接受买来的官爵和荣誉。”

“我确实把很大款项借给了一些省份，甚至是朝廷。但是当政府债台高筑，欠我很多钱的时候，我的很多荣誉就被剥夺了。多年来，我向遭受水旱灾地区的百姓捐赠了很多钱，这一切都记录并保存在朝廷的功劳簿里。上次，全国发生大饥荒时，我连续四个多月向天津的一千个家庭、直隶其他部分的四千个家庭，以及山东的五百个家庭提供了粮食……”

“他们告诉我，法国几乎不存在贫穷，即便是最穷的人，日复一日，也能攒下一些钱。”

“星期二晚——今晚，共和国总统福尔先生和夫人在总统府富丽堂皇的大厅里接见了我，大厅里挤满了来自法国和欧洲的各界知名人士。美国公使也在场，他代表克利夫兰总统亲自向我递交了邀请函。依我所见据我所知，我知道我将在美国受到盛情的款待。我焦急地盼望着那一天的到来，我尤其希望访问纽约和华盛顿，并拜会克利夫兰总统。”

“法国总统是一个安静的人，他做事细心、为人谨慎。不知道是从哪儿又是怎么学会了一两句中国话，初次见面时，他把那些话重复了至少七八次。福尔夫人相貌普通，不过我听说，她为人很和善。招待会上，很多非常美丽的女士围绕在她身边。她们是公爵夫人、公主、伯爵夫人，以及普通政客和商人的女儿。她们都是那么迷人，很多人都配得上皇后的封号。”

“总有奇怪的事情发生！远处站着一位先生，看起来很面熟。过了一会儿，我发现他几乎目不转睛地盯着我，好像要特别引起我的注意。正当我让随从去查清那个人是谁时，那位先生主动走上前来以欧洲的礼仪向我伸出手，要与我相握。‘中堂大人还记得我吗?’——他是用中文问的。他一开口，我就立刻想起来了，他是福禄诺舰长，现在是一位高官。在当年签订《天津条约》时，他是法国的代表。我很高兴能再次见到他，因为他真的很优秀，颇有骑士风度，他是法国的骄傲！我要送他一箱茶叶。”

“午夜，动身去加莱前。——刚才，随行给我读了德皇威廉的来信。这封信，是通过这里的德国使馆转交的。信中通知我，关于委派一百名军事专家帮助训练中国军队的事宜，已经获得帝国议会的批准。柏林的帝国国防部正在从军队中物色合适的人选。中国将付给他们在国内时领取的等额薪水，并负责他们的一切日常的开销。我希望朝廷不要认为我太浪费。不管怎样，最终还是我的直隶省供给他们薪酬。现在，我们必须拥有先进的军队！”

第二天，穿越英吉利海峡时，李鸿章写道：“我带着深深的遗憾，离开了法国。现在正在前往英国途中，心中有些疑虑。因为就在今天早上，即将上船时，我读了一份法国报纸，他们说我访问德国时，受到了英国人的嘲弄。那么做是不对的，因为他们不是轻率地嘲弄了我一个人，而是嘲弄了一个大国的特使。”

“如果他们对我不好，我将在那里作短暂停留。我不会赖在任何不欢迎我的国家里。”

李鸿章访英

“同一天上午的十点钟左右——刚才的天气很糟糕，我的一些随从病倒了。不过，我仍旧留在甲板上，这样就可以同时看到英国和法国两岸的风景。”

“我刚刚听到一则不可思议的消息。一些富有的法国人，一些杰出的工程师，在政府的支持下，提议在我正在穿越的这片水域的下方，修建一条隧道。但是我还听说，骄傲自大的英国人不相信这只是一个梦想，他们是不会允许法国人在自己的土地上挖洞的。啊，这些英国人！他们畏惧所有的人，畏惧所有的事。他们可能仍然想小视我。”

“海面风大浪急，我甚至能听见多佛城堡的礼炮声。我还是要回船舱里，在床上休息几分钟。”

头等钦差全权大臣李鸿章有点晕船。他在乘船去纽约之前，在英国写下最后这段文字，显然他不愿意承认自己晕船。

“接下来的七八天，我又将过上平静的日子，这个消息令我欣喜万分。然而，我和纽约之间隔着三千英里的海洋。他们说在所有的大洋中，大西洋的脾气最坏。尽管穿越英吉利海峡，航行所需的时间并不长，但是除我之外，所有人都晕了船（李鸿章把英吉利海峡称作‘英国人的窄海’）。航程近半时，我的胃开始不舒服，但那是德国菜肴和波茨坦啤酒在捣乱，不是轮船晃动的结果。随行的一些人因为晕船而骂起了脏话。但是如果他们像我一样，多次穿行于大清国的海域中，并在海面上下晃动，他们就不会被这个讨厌的英国人的窄海，赶到头等舱去了。”

在英国的前四天，李鸿章的行程排得很满，就像他自己说的那样。他是如此之忙，忙着应付大事、小事、平民、达官贵人和名人，以至于都没有时间写日记了。”

“哈瓦登，玉皇大帝忌日的第十一天——只有在这里，在活着的最伟大的英国人的家乡，我才可以在多佛下船后，真正地休息一下。自从离开中国后，我从来没有这么美滋滋地休息过一天。因为见到并结识这位‘元老’，就是最好的休息。很高兴能了解他的想法，并能以他的视角看待世间万物。能够在退休之后像他这样，回归家庭生活是对公职人员最高的奖赏。况且全世界都尊重他，英国人民也很爱戴他。如果我不是李鸿章，我可以选择做任何人的话，我想成为威廉·尤尔特·格莱斯顿，这位大英帝国的‘元老’。此外，所有女人中，我最喜欢的是福禄诺几个女儿中的一个，现在，我喜欢她超过喜欢俄国的皇后。”

“格莱斯顿先生在宏伟壮丽、绿意盎然的哈瓦登火车站迎接我。我从火车上下来时，一大群英国人已经等候在那里，他们高举着帽子、挥舞着手绢迎接我们。随后我们握手时，人群长时间热烈鼓掌，我们两个都光着头。在公共场合出现，头上却没戴任何东西，我记不清这是多久之前的事情了。”

李鸿章在英国

“格莱斯顿先生，之所以称他为‘先生’，是因为他拒绝了英国女王授予的最高头衔和爵位。他的样子比我想象的强壮很多。不过当我们面对面坐在一起时，我发觉他已经是一位非常老的老人，脸庞看起来比我老多了。虽然我认为，我们两人只相差八九岁的年龄。”

“他一见面，就立刻向我道歉，说他没能去伦敦与我见面。但是他又说，如他真的做这次旅行，他很可能会病上一两个星期。两天前，我还在温莎城堡时，他给我发过一封电报，表达了相同的意思，于是我决定去哈瓦登拜会他，尽管为此，我冒犯了很多接待委员会的委员，以及几位再三邀请我去家里做客的上议院议员。”

李鸿章在第二天就列了一份名单，名单中注明了可能被他冒犯的人。因为他不顾很多要人的盛情邀请，“由着自己的意愿”去哈瓦登看望格莱斯顿。

“那些人能给我什么呢?”他问道，“面包、葡萄酒和音乐会？我没有听说过他们，一个都没听说过。我为什么要花时间和他们在一起呢?英国让我感兴趣的是，统治大不列颠、爱尔兰和印度的维多利亚女王陛下，还有英国王子、格莱斯顿先生、莫莱先生、丁尼森爵士，当然还有国会大厦和轮船。”

他在哈瓦登的讲述仍在继续，他写道：“我和格莱斯顿先生在他的庄园里长时间地散步，陪同我们的，只有我的随行翻译和布鲁斯（格莱斯顿的翻译和秘书）。我们没有特别地谈论国事，而是谈了许多其他的事情。我很惊讶，他竟然如此了解我的生活。告诉他我所知道的有关他的事情时，他也表达了同样的感受。他谈了女王、印度事务，以及爱尔兰的地方自治。我确信，他希望在死之前，能看到那个不幸的国家被管理得更好。他们把最好的东西给了英格兰，他说，英国却把最坏的东西回报给他们。”

“他把一些树桩指给我看，说八年以来，他就是通过练习伐木来维持健康的体魄和发达的肌肉的。听他这么说，我非常开心。我告诉他，我想看他展示一下。于是他拾起伐木工具，在一棵树上留下了几个大伤痕。然后，他转过头来，对我说：李中堂，您砍倒过树吗？”

“我告诉他，小时候砍过很多次，但是随着年龄的增长，我放弃了很多儿时的习惯，包括砍树。但是他想让我试试，我照办了。然而，令人尴尬的是，那个工具的手柄挂住了袖口，我差一点砍伤了自己。”

“火车上，酉时——我在格莱斯顿先生的庄园睡了两个时辰，期间，他也睡觉了。”

“再次见面时，桌上已经摆好了简单可口的午餐。上好的乌龙茶，一些中国点心和凉拌鸡肉。这次只有我和格莱斯顿先生用餐。饭后，在告别之前，我们坐在了一起，还拍了照片。尽管我愿意用任何价格购买那些照片，但是我没有得到一张作为留念。不过，我听说，第二天早上伦敦的所有报纸都刊登了这张照片。”

接下来的两天里，日记只作了简短的评论。伦敦市长为李鸿章举行了晚宴，他参观了伦敦塔和国会大厦，最后还坐着马车转了一圈伦敦的贫民区。有关于最后一天，他还提及了这件事：

“大英帝国的绅士们向我们展示了帝国最美丽繁华的一面。我见过莫斯科和圣彼得堡的财富、教堂、公园和漂亮的大街。我也见过柏林的宏伟和壮大，德国人在埃森、不莱梅、慕尼黑和其他城市举办过精彩的活动。尽管如此，每到一处，我始终关注平民的真实处境。我的所见所闻告诉我，眼前所见的一切不都是阳光和美好。”

“英国也是如此，我受邀到女王陛下的城堡用餐。政要们带着我参观了国会大厦、防御要塞和兵工厂。我看到伦敦漂亮的公园和壮观的大道。然而，我也在人群中看到了很多很多的穷人。即便这次旅行的时间很短暂，我还是学会了如何通过穿着来区分社会等级。”

“恐怕，接待我的人不是很高兴，因为我渴望，并要求他们带我去看最贫穷的街道。‘我们中国有穷人，几百万的穷人，衣衫褴褛的场面，对我来说并不新鲜。但是我见到了这么多壮丽的景象，如果你们不满足我的愿望，恐怕以我现在的心境，无法真正了解英国的生活。’我是这么对他们讲的。最后，他们选了几个相对贫穷的角落，带我匆匆地看了一眼。”

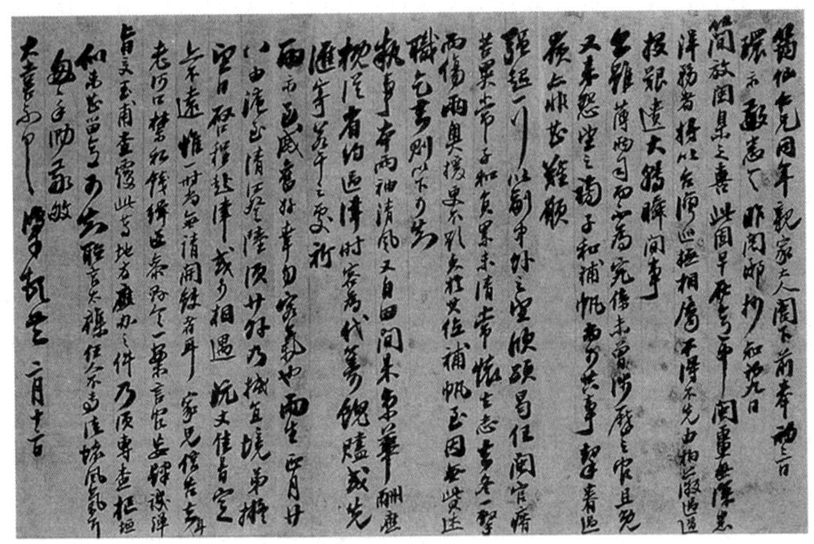

李鸿章给英法使臣郭嵩焘的信

“现在，我不能讲出所有见到的，也无法说出全部的印象，但是我已经得出了这样一个结论：这个国家拥有强大的陆军和舰队，但在它雄伟壮观的外表下，隐藏了太多苦难。不只是中国拥有衣衫褴褛和饥饿，英国也如是。如果一个中国人肚子饿了、嗓子干了，他大声嚷嚷。但是在外国，这些饥饿的人会偷窃他们的邻居，或闯入别人家里打劫。在这短短的、但大开眼界的几个星期里，我已经明白，他们准备着，用炸弹或者刀子与政府进行无声的对抗。他们把自己的无助处境责怪政府。我越是看到并了解欧洲的穷苦人，就越对处境悲惨的中国穷人心生怜悯。因为相比之下，中国的穷苦百姓没有什么可怕，他们很善良，很少怨言。我要给全体中国人鞠上一躬。上至太后老佛爷，下至广东海边的普通渔夫。”

“船上，准备起航去纽约——再见吧，沙皇和皇后，再见，俄罗斯；再见，德意志皇帝、俾斯麦以及我的朋友，埃森的克虏伯先生；再见，快乐优雅美丽的法兰西；再见，维多利亚女王和英国的元老格莱斯顿先生！”

“我要去格兰特的老家了。”

第十二章　穿越大西洋抵达纽约

出使俄皇加冕典礼的头等钦差大臣李鸿章，又一次地被“肠胃紊乱”所困扰，就如他在跨越英吉利海峡时所说的，也许是吃了太多的德国菜肴，也许是因为喝了俾斯麦的宫廷啤酒。从他第一次在日记中提到此症状以来，一直到他在利物浦登上冠达邮轮后，都是这一套说辞。

“在疯狂海上航行的第三天，吃晚饭后，我想，如果再去德国，我再也不会和德皇、俾斯麦或者任何的显贵吃饭了。除非他们同意我自己准备菜肴，因为我发现很多年以来，我的胃从没有出现这样的不舒服症状。我不记得自己曾经病得这么厉害。船上的医生格雷先生说我晕船了，我毫不犹豫地立即跟他说，这个诊断简直是荒唐透顶，一点也不科学。我随行的医生也不同意格雷医生的说法，我更相信我们的中医了。”

欧美报纸关于李鸿章的报道

“船长很照顾我，经常过来嘘寒问暖。其实，我不希望他这么做。因为如果有人体会了我这三天来的感受，他肯定最大的愿望是想一个人安静地待一会。”

“随行医生说他从来没有见过我如此的易怒。我手艺超群的厨师说，他也没有遇过做出来的食物没法取悦我的情况。可怜的家伙，他像一个喝醉酒的人似的，在船上晃来晃去。我知道，他并不比我舒服多少。他这是在晕船，因为他可以吃下所有的食物，无论是外国的，还是中国的，吃完后没有任何反应。他不像我，胃犯病。”

“今天的阳光温暖明亮，我开始享受海上湿润的空气。他们告诉我，过了今晚，我们距离美国还只有一半的路程。他们还告诉我，靠近美国的那一半航程，这个发狂的海洋会平静一些。”

“出海的第三天——如果船上的这些人能够代表美国大众，那么我相信，美利坚是一个很好的国家。这些人像法国人一样懂得礼貌，而不像伦敦人那样盯着人看。我不喜欢英国首都的民众，他们外表粗俗，行为鲁莽，有些底层社会的人甚至像辱骂我。幸好有警察时刻警惕着，有好几次不惜动用警棍教训那些恶徒，把秩序维持得很是井然有序。”

“除了三等舱的乘客和船员，我觉得这条船上的所有人，都以这种或者那种方式被带到了我的面前，并被介绍给了我。据说，船上有几位优雅的老先生非常有钱。一位美国陆军上校介绍给我其中的一位，说他拥有很多条铁路。我跟他聊得很愉快。后来他把妻子和女儿也叫过来了。他们的女儿是船上的美人，配得上宫里的王子。我让翻译把这句话告诉她。她给了我一个世间最甜美的回答：如果我是国王，她很愿意这么做。”

“我想，这是我所听过的最高赞美。我要送给马文小姐一辈子享用不完的绫罗绸缎。她则送给我一把漂亮的扇子。她说这是在意大利买的。这个礼物很贵重，我告诉她我不能接受。但是她坚持让我收下，我亲吻了她的手。之前，我从未吻过任何陌生外国女士的手。但是，我在圣彼得堡和莫斯科有很多次这样的机会。现在回想起来，加冕典礼结束后，俄国皇后立即向我伸出手，她是在期待我吻她的手。但是由于无知和兴奋，那时，我没有那么做，而是把珍贵的玉戒指放在她的手上，那是太后送给她的礼物。”

“我永远不会忘记沙皇和皇后脸上的尴尬神情，不过皇后那张苍白的脸上随即露出欣喜的神色。她定睛瞧了一眼那枚珍贵的戒指，而后欢喜地再次伸出手，戒指已经戴在她的手上了。我有些激动，双手捧住那只手，跪在地毯上。我想，一个人只要睁着眼睛，每天都会学到点什么东西。孔子也说过，学了一千年，只是为了储备知识，能立身于先贤之中。”

“基督教的节日(礼拜日)——今天牙痛，痛的不是那些假牙。下次再去上海时，我一定要把最后那几颗病牙拔掉。明天我们就到纽约了，我感觉自己比格莱斯顿年轻三十岁。”

“夜间，酉正——我要早点休息，明天黎明我们就到纽约港了。我要在美国生活两三个星期，对此我充满担忧。我希望尽量缩短停留的时间。我只想拜会克利夫兰总统，并为格兰特将军扫墓。”

依据日记，过去了整整一个星期，李鸿章才提笔记述旅行见闻。这是他在费城的贝尔维尤饭店写下的：

“我怎样才能把过去六天发生的事情全部记录下来呢？自从下了邮轮，在纽约上岸，感觉好像过去了一年或者更多。我的疲倦之情几乎难以言表。”

“美利坚民族给予我的款待令我骄傲，我知道这在大清国，也是无与伦比的礼遇了。”

“这个难道不奇怪吗？许多年来，中国人被这个富庶的国家一直拒之门外。不是因为他们犯了罪，也不是因为得了麻风病，仅仅只是因为他们出生在中国。同样的人，如果出生在日本、朝鲜、印度或者英国，就会得到美国的移民允许。然而，我同样出生在中国，这些美国人把我当帝王一样尊重厚待。我倒要看看，会不会发生什么导致中美关系的变化。”

“我已经见了不少美国的新闻记者。他们很优秀，而且是无处不在。我和他们聊得很开心，我猜，他们也喜欢和我聊天。我希望他们也有同感。因为他们告诉我的趣事，要比我之前听到的都要多。他们是一群快活的人，如果他们聚集在一起，我想，即使是最强大的敌人，也会开怀大笑，令他们丧失戒备之心，也不愿意开枪攻击这些机灵的小伙子。”

“当邮轮驶入纽约湾时——(之前，我们才真正将疯狂的大西洋抛在身后)——有很多的船只迎接我们。烟囱里冒着浓烟，我们看到白色的蒸汽，听到汽笛的长鸣。最前面的是两三艘漂亮的汽艇。它们朝我们邮轮开过来，要撞翻我们的架势。我想，这是一首官船。于是，我走到船舷边，张望迎面而来的汽船。”

美国漫画中的李鸿章

“这些先到的船上没有女士，我想当然地以为船上坐的一定是重要的官员。但我很快就意识到，自己错了。因为这是美国媒体的船。在美国，媒体无所不能。我们的大船慢下来。许多人登上船，这是一群穿着整洁，相貌英俊的小伙子，就像在外务部工作的年轻外交官的秘书。”

“起初，我对他们的随意感到困惑。他们既没有鞠躬，也没有畏手畏脚，而是径直向我走来，大胆地开始自我介绍，和我们握手。尽管如此，我不可能轻率回答，只是如我刚才所说的，一时不知道该说些什么做些什么。很快，我就适应了这些可爱的小伙子，带着他们走向甲板的最前端。”

“走到那里后，我说：‘先生们，我是来访问美国，不是来发布消息的。我想了解这里的人和事。因此，随着我们进入港口，请告诉我的秘书，哪些地方值得一看。’他们照办了。见到任何东西，我都会发问。在我们登陆纽约之前，我对这个城市已经有了一定的了解，特别是那些高耸入云的建筑、纽约湾的不同水域、岛屿、堡垒。我已经掌握了很多旅行过的人才能获取的重要信息。”

“从那个早晨开始，一直到现在，只要我醒着，报界的朋友无时无刻不陪在我身边。在华盛顿与美国的官员们在一起时，在火车上，在所有的招待会和会晤现场。哪怕我想就寝了，他们也在饭店等我。吃晚饭之前，他们还在找我。他们非常优秀，且不知疲倦，他们应该能赚很多的钱。我看见他们与总统和州长们亲切交谈，好像这些高官只是一个体面的二等税务员。然而这一切也在告诉我，这个国家的确是世界上最民主的国家。美国记者的行为给我上了一课，我会祝福他们！”

“我本人也可以称作是记者。很多人会因此怀疑或者奚落我。但是不管怎样，这是真的。尽管我从未出版过报刊，也没当过编辑，但是写作这个职业非常高贵，我很荣幸自己是个文人。年轻时思考未来，我说过，有朝一日，我将成为中国的文坛领袖，高中状元。于是经年累月苦心研读。我的学业优于许多人，从秀才到举人再到进士，一路走来，一帆风顺。”

“当我告诉一个年轻记者我也是他的同行时，他笑了很长时间。他肯定没有期待我把收集来的所有信息提供给他。他像速射枪一般发问，我看出来了，他是个新手，并为他惋惜。”

“‘李鸿章先生，您说您是记者？’当我表情严肃下来时，他也认真地问道。”

“‘是的，’我回答道，‘我在中国的报纸上发表过很多文章，而且那些文章，所有的编辑都绝对不敢拒绝。’”

“是什么样的文章？他追问。都是写公文，传达朝廷的旨意。我告诉他。”

“显然，这已经够他交差了，因为他在递给我一支雪茄后马上就离开了。第二天早上，我在一份纽约报纸上读道：‘李鸿章是这样一个作家，如果有谁胆敢动他的文章，他的斧子就会向那个人的身上砍去。’”

“我不会忘记纽约记者对待我的方式。他们不像是德国人那样严肃地对待我的来访，也不像是伦敦和利物浦的报界那样屈尊俯就似的。他们试图弄清楚中国和远东事务的真相，主笔又有点嘲笑我们。但是同时，主编们却把我的来访当成契机，发表了大量有关于中国和中国人的时评。这些评论的篇幅很长，说得合乎事实与情理。我为此要感谢他们。过去，美国一直是我们的朋友，尽管它极度排斥中国移民，来日我们需要时，它必将成为我们最强大的朋友。”

“世界上所有的城市，我认为纽约是最糟糕的。所谓的最糟糕，是因为我李鸿章最不适合待在这里。当然，他们兴建这座城市的时候，并没有考虑到我的入住。”

“我不想生活在这样的一种地方，万一发生地震了，成千上万吨的石头和钢铁会砸到我的头上。现在，我抬头向上看时，头颈和脖子就酸得要命。当我举目向上看，也看到了成百上千的人向下看我。那些人就像是生活在悬崖峭壁的缝隙里。这些建筑物都比我们最高的宝塔还要高上四倍，如果他们是敌人，他们中的一个或者十个人，向我们扔出石块，是多么轻而易举的事情。但他们是朋友，千千万万的朋友，他们是朝廷头等钦差大臣及随从的朋友，他们是中国同胞的朋友。我知道是这样的。因为到处都挥舞着旗子，上面绣着龙。美丽的女人和女孩子挥着她们精致的手，为中国欢呼。我和身边的人都很快乐满足。我知道，这些消息将在大清国广泛地传播。”

“同一天，晚些时候——今天晚上，美国政府特别信使将克利夫兰总统的请柬交送到我手上。在纽约时，总统承诺我的克利夫兰夫人的照片也一同送给了我。她还亲笔写上一段祝福：与总统一起将照片送到中国最优秀最尊贵的政治家手里，非常荣幸，同时，恳请阁下务必向太后陛下转达最高的敬意。写得虽然很简单，但是令人非常愉悦。”

“据说，在华盛顿做过第一夫人的淑女里面，克利夫兰夫人是最可爱的一位。我不假思索地相信这种说法。因为我从未在其他任何地方见过如此令人赏心悦目的面容和身形。我要称她为仁爱的姐妹，优雅之母。作为美利坚的第一夫人，她为女性增添了无穷的光彩。她是全世界女性的骄傲，我希望圣明的皇太后可以认识克利夫兰夫人和沙皇皇后。”

李鸿章访美

“面见总统之后。克利夫兰总统向我和我方代表团成员表达了最诚挚的敬意，即使是皇室驾临，也不过如此。美国总统竟然从华盛顿赶到纽约来迎接我，这种非同寻常的礼遇着实令我感动。于是我命人花一千五百两银，向朝廷拍发了一条电报。他还能给我们更高的荣耀吗？不能，除非他授予我国务卿一职。我不能感到有比这个更加光荣的事。”

“除了俾斯麦，我无法将克利夫兰与我认识的任何人作比较。看上去，他和铁血宰相一样身强力壮、意志坚定。但是，他一定没有俾斯麦的暴脾气。有一次，一条狗挡住了俾斯麦的去路，他不仅踢了那条狗一脚，还赏了办事不力的听差一个巴掌。我无法想象克利夫兰总统会做那样的事情，他也不会像俾斯麦那样气得满脸通红。不过，人很难一下子说得清楚。我曾经有一个小妾，在娶她进家门之前，她是温顺可爱的化身。我一度甚至以为，她的性情太过温柔，简直世间难寻。可是过了六个星期，她开始叫我受苦，好像我不是主人，而是家里的仆从。我给了她二十个银元宝，把她休掉了。”

“这让我想起一个纽约记者提的问题。他想知道我有多少个妻子。当我告诉他，我需要多少就有多少时，他无礼地问我需要多少。这个问题令我很不快，但是我没有表现出来，因为那样正好合了他的心意。他早知道我不想给出答案。于是，我问他：‘你有多少个妻？’他很快答道：‘零。’好，我说，看来，你也只能应付那个数字的妻子。”

“我和克利夫兰总统谈论过美国和中国的妻子和女人，我发现她们很不同。总统想从中获得启发，我也是。我告诉他，如果他是中国总统，除了可以拥有一个合法的妻子，毫无疑问，在每个省份还可以有一个或者更多的妾。听到这里，他开怀大笑起来，笑得眼泪都流出来了。‘不，不，您想想看，’他继续说，‘一个男人得用管理十六到十八个中国女人的力气，才可以控制一个美国女孩。’”

“我把在纽约参加的所有活动记录下来——晚宴、招待会和演讲。市长把这座城市的钥匙赠送给我。这个仪式，意味着我想去哪里都可以，吃什么买什么随我的便，即便购买绫罗绸缎，也全由这代为付账。但事实上，我并不能随心所欲。我不能去自己想去的地方，而且一个铜板也不能花。我参观了中央公园、法院和监狱。大河流经纽约的周边地区，其中一条河上有一座岛，岛上有一座监狱。”

“或者更确切地说，这两条河从纽约城中穿过，因为最早的城市只在纽约岛上，而后它的地盘扩展到两三个省或州的面积。”

“这里有一条大河，河面像汉口的江面那么宽，它是这座城市的分界线。船顺流而下，我前去祭拜尊敬的格兰特将军之墓。我剿灭了太平军的长期作乱，而他平定了南方同盟军的反叛。而且，奇怪的是，1863 年我和程将军、戈登并肩作战抗击太平军时，格兰特将军正在围攻南方叛军的首都。”

“我纳闷南方同盟军是否真的想打赢，他们如此缺乏判断力，竟将首都设在离旧都很近的地方。那个距离不比上海到南京远。如果军队在首都附近打败仗，他们的政府就必须逃亡，或者落入敌手。而一旦一个政府如兔子般逃跑，或者像豚鼠一样被诱捕，那么，它怎么能够令追随者肃然起敬。我看过南方同盟军的地图，换成是我，会在德克萨斯某地建都，以后可以迁都。”

“我可不是个动不动就哭的人，可是站在逝去的、崇敬的格兰特将军墓前，我的心中充满了苦涩的悲伤和甜蜜的回忆。我很欣慰能站在他神圣的墓地前，告慰他的亡灵。只有在墓前对亡灵说的话，才最算数。当愁肠满腹的朋友来诉说衷肠，灵魂徘徊在那里倾听，并且把他的话带给亡灵。祝愿他的在天之灵永远安息。”

“我告诉亡灵以及我杰出的朋友，我从遥远的中国赶来为他扫墓。很多年前，我就见过他的长相。当我为朝廷处理公务，向沙皇、德国、法国和其他国家的统治者表示友好时，我心怀敬意和渴望，我想向这个著名的美国指挥官的亡灵诉说衷肠。这是真真切切的事实。”

“如果没有完成这个任务，我不会心满意足地回到中国。我向亡灵焚香献花。我将一本祈祷书放在他的坟头，请求他的亡灵时常想念我，欢迎我来到这片‘洒满阳光和金色时光’的土地。把这些事做完后，我的内心洋溢着无限的祥和与喜悦。正如我为圣洁贤惠的母亲扫墓时，我内心也同样感受到心灵的愉悦和精神的芳香。”

“我经常想到格兰特将军，身后带着全世界给他的美誉和掌声。如果他来中国，我们会把所有的荣誉和掌声都献给他，我们会向他致以更高的敬意。在他之前或之后，都不会有任何一个外国人受到如此的礼遇。”

“这难道不奇怪吗？当马关的那个日本无赖企图夺去我的性命时，我首先想到的是格兰特将军。当时，我正和伊藤博文代表各自的国家商讨和平协议。”

“是的，当我再度感觉那个疯子的子弹燃烧时，我甚至远远地朝格兰特将军和夫人的那两棵树望去，我还对他说了话。”

李鸿章把那两棵树当做人所共知之事：格兰特将军和夫人访问期间，日本人采用多种方式对他们表示敬意，其中之一就是在马关对面的一个小岛上，栽种了两棵品质优良的树木，并把那片土地辟为圣地。一棵树上挂着将军的铜制画像和简介，另一棵树上则挂着镶有格兰特夫人相片的牌子。据当地文献记载，格兰特将军去世后，那棵献给他的树枯萎了，另一棵则郁郁葱葱。格兰特夫人去世后，那棵树也跟着死了。

第十三章　美利坚见闻

“费城又名‘友爱之城’，同时它也是美国自由文化的摇篮。现在，我想把为数不多的印象记录下来，因为再过几天，我将横穿美国，向太平洋和我深爱的祖国方向，重新踏上旅程。我总是对朝廷心怀崇敬和喜悦，尽管最近我向朝廷发了几封加急电报，我还是很思念中国。我对朝廷一片忠心，急于把环球考察的胜利消息告诉太后和其他人。这就像我夫人总喜欢谈论她头胎孩子的古怪可笑举动一模一样。”

“如果说纽约港是我见过的最嘈杂喧闹、最令人闹心、最摩肩接踵的城市，华盛顿就是最漂亮开明的城市(我毫不怀疑，法国友人肯定不会喜欢我这种说法)；而费城，则是最笑意盎然的城市。”

“当然我说的是人们，因为这个城市的任何一个部分都无法可以与纽约的上城区相比。说到建筑和街道的庄严宏伟，它不及国会大厦和华盛顿的宾夕法尼亚大街的一半。”

“费城的人口密度没有纽约大，人们的穿着也没有华盛顿人或者巴黎人讲究。但是，我见过这么多地方的人，费城人的性格最好。人干干净净，长得也很好看。他们总是面带微笑，喉咙里发出的声音不是欢呼‘你好’，就是把友好的问候表达出来。”

“这个地方真不愧是友爱之城。但是我想给它一个新的称号‘百万微笑之地’。我把它告诉了市长，他说要把它写下来。我称其为‘百万微笑之地’，是因为这个称号有点诗意，不过很恰当。我已经为自由钟写了两行诗，回国后我再修改一下。”

李鸿章访美时掠影

李鸿章是否修改了他在费城期间为自由钟所作的那几行诗，至今已经无从知晓。可以肯定的是，尽管后来他在回忆录中几次提到了自由钟和自己访问费城的经历，可是，在仔细查找他多得数不清的手稿和日记后，我们并有发现任何对最初的那几行诗进行改进和校订的痕迹。

他所指的那首诗，非常符合中国诗歌讲究的韵律美，译成英文的难度极大，我们只能试着跟随作者复杂晦涩的思绪，简单地做一点翻译：

To my eyes they did point out the symbol of Liberty,
And to my ears they did direct the sound.
It was only a sound of dong-dong.
And it came from an instrument of brass made by man.

The bell did not ring to my ears;
I could not hear the voice in my ears;
But in my heart its tones took hold,
And I learned that its brazen tongue
Even in silence told of struggles against wrong.
These good sons of America
Call the Liberty Bell ancient;
But I who come from the oldest of the lands,
A student of the philosophy of the ages,
Know that what this bell speaks
Is of Heaven's wisdom,
Millions of centuries before the earth was born.
It repeats the heart words of the gods;
It repeats, only repeats:
But let it do so to the end.

译文：

题自由钟（其一）

新陆奇钟云自由，入耳天籁荡洪流。
岂知两鬓皆不聪，但把贯顶传胸穹。
曾见天佑美利坚，吾知法道承万年。
大好男儿行义勇，诸神不言九重天。

在有关自由钟的优美散文中，李鸿章再次谈到了它的年龄，但是他的行文风格要轻松许多：

“他们向我展示了那口形状优美的老钟，它被放置在独立厅里，名唤‘自由钟’。这口钟的意义在于，只要钟声敲响，所有听到钟声的人就明白他们获得自由了。但是他们再也不去敲它，因为它裂了缝。自由也裂缝了吗?”

“他们告诉我这是一口老钟,于是也叫它‘老自由钟’。于是,我问它有多大年纪,几个官员面面相觑,州长也不知道它的年纪,但是,最后一个目光敏锐的人,看见了一个日期。是在钟的里面,还是在外面看到的,我不太清楚。他说这口钟有一两百岁。”

“啊!才一百多岁或者两百多岁(我忘了到底是哪一个)!在中国,如果有人称一个两百岁的东西为老,我们中国人会笑话他的。它只是个婴儿,还在吃奶呢。我大笑起来,并把这个想法告诉州长。他眨了一下眼,说道:‘是啊,总督,与你们那片值得尊敬的土地相比,所有的国家都是吃奶的婴儿。’听他这么说,我向他鞠了一躬,并表示感谢。我喜欢他的说话方式。”

“费城为我们举办了盛大的欢迎仪式。仪式主要集中在一个地方举行,就是保存自由钟的那个建筑物——独立厅。这是一栋小小的建筑,还没有广州的孔庙的一半大,甚至比不上紫禁城的宣仁庙。美国各州的代表们就是在这里召开了第一次会议,向英国宣战,并摆脱了英国征收的重税。除了空气和水,英国人几乎向美国人使用的一切征税。所有税种中最可恶的一项,是向中国种植的茶叶所征的税。美国人非常喜欢喝茶,茶叶的需求量很大。于是,英国人为了增加财政收入,决定征收茶叶税。后来,美国人把茶叶和税票统统倒入大海①。很长时间,他们只喝牛奶、白水和威士忌。战争结束、英国战败之前,美国人有八年时间没有喝茶。如果有人把小种红茶从我手里夺走,我一定会嫉恨他。(小种红茶是一种非常稀罕的茶叶,李鸿章总把它作为礼物送给沙皇和皇后。只要能弄到这种茶叶,他会始终

① 译者注:这里是指波士顿倾茶事件,发生在1773年12月16日的政治示威。英国在取得对法国的“七年战争”胜利后,对殖民地加强了控制与压榨,北美被殖民者不满英国,因而当地居民塞缪尔·亚当斯率领60名自由之子化装成印第安人潜入商船,把船上价值约1.5万英镑的342箱茶叶全部倒入大海,来对抗英国国会,最终引起著名的美国独立战争。

不变地享用它。)”

“有几次演讲会,是在独立厅举行的,也有人发表了有关独立厅的演讲,我自己也作了简短发言。为我做翻译的人的名字我记不得了,他是中国驻华盛顿使团的一个秘书。我的发言只有几句话,表达了中国对美国的美好祝愿。我还说了几句英文:“I am proud to be welcomed in the land of Washington.(我很荣幸受邀来到华盛顿的国家。)”

李鸿章在美访问

“我至今忘不了费城市长——尊敬的沃里克先生。他是一个快活的人,头戴一顶丝帽,脸上总是挂着笑容。他的微笑与这座城市很匹配。尊敬的市长先生发表了一次讲话,这是我此行听到的最长的演讲之一,他把我弄晕了。他滔滔不绝地演说时,我打起盹儿来。一阵爆笑把我惊醒,我这才意识到自己所处的位置。我睁开眼睛,看到成千上万的人大笑鼓掌。起初,我以为是讲话人发表了什么幽默机智的言论,所以大家才如此开怀。接着,我发现所有人都在看我,包括尊敬的市长在内。他和所有人一起大笑!我有点尴尬,主讲人一半对着我,一半对着在场的听众说:'显然,中堂大人不喜欢长篇大论,所以我要长话短说。'翻译把这句话说给我听后,我叫他对尊敬的市长说,我非常喜欢长篇大论,因为我可以趁着他说话多睡一会儿。尊敬的市长把我的话重复给听众,他们大笑欢呼了几分钟。不管怎样,市长很快结束了演讲:乐队开始演奏,宾夕法尼亚州的国民警卫队的士兵们开始齐步走。我们上了马车,驶向宽街。"

"'宽街'真是名副其实啊。街道很宽,且长约数英里,是全世界最长的直街。我从市政厅向街道两边望去,这条街仿佛没有尽头。有人告诉我这条街有三十英里长。如果这是真的,这个长度几乎是北京外城墙一倍半。纽约的主要街道是百老汇街①。和这个国家其他大街相比,它不仅不宽,反而很窄。我想它和北京的哈德门路差不多宽,但是配上这些建筑,就令我想起了河道深深,堤岸高耸的广东西江。百老汇街是商业文化中心,'商业'被西方人认为是现代文明进步的基石。尤其是在美国,什么东西都是'商业',文学艺术也不例外。在美国,没有人会因为纯粹喜欢写作而写作的。不朽的诗篇、最伟大的爱情故事和英雄故事,如果不事先付钱,作者绝不会让原稿脱手。按照他们的做法,如果一页纸可以付给我一两银子,我写了那么多页,差不多是个百万富翁了。"

正好在这里说明一下,以免读者忘掉前言中的解释。如果可以对李鸿章使用的纸张加以评判的话,李鸿章最喜欢的书写纸非常厚重,且被裁成明信片般大小。但是形状并不完全相同。他把字写得很大,大约是打字体的 36 号字。他想强调或抒发感慨时,字常常会写得更大,再加上每页纸经常写不过三行字。这两点可以帮助我们理解,刚才他说的那番话,没有看起来那么夸张。

① 译者注,百老汇音译为 Broadway,意为宽街。

“我发现地域荣誉感在全世界范围内普遍存在。尽管伦敦这个城市雾大潮湿，伦敦人还是会告诉你，这是地球上最适合人类居住的地方。纽约人会说，纽约以外没什么可看的，这种城市荣誉感引导他们嘲笑费城。当然，聪明的人知道这只是废话，但是愚昧的人信以为真，并传播流言蜚语，仿佛这是神圣的真理。”

“这让我想起在纽约动身前，一个记者对我们说过的话。你们到了费城，不是死掉，就是睡着。我当时没有作答，但是从那以后一直认为纽约比费城更危险。因为在纽约这个地方，忙碌和嘈杂无处不在。”

“这一路上，无论多么疲惫困倦，我从未在公开场合睡着过。这不是很滑稽吗？当费城市长和其他官员在汇合处（在德国城？）迎接我们时，我很想把纽约记者的话告诉他，但是我又担心冒犯他，因为我不知道他的脾气到底有多好。后来，他本人告诉我，全美国人都说费城是一个节奏缓慢、昏昏欲睡的地方。于是我明白，那些话根本无法伤害到他的感情。”

“同一天深夜——今晚，我参观了联邦同盟，并在那里享用了一顿中国美食。晚餐里有酒，还有运自广州的茶。这是我自离家后吃到的最香最美的一餐。”

“当时，有许多杰出人物在场。我有一份完整的名单，我要把它保存起来。但是，我现在想提几个人：尊敬的州长，内战时他也是一位将军；沃纳梅克先生，美国的商业巨子；此外，还有一些著名的编辑和作家，包括史密斯先生。”

“第二天上午——今天上午，这个州的州长黑斯廷斯将军来拜访我，与我作别，他还向我介绍了几位年轻的女士和他手下的工作人员。我热情邀请州长访问中国，告诉他，如果他能来中国，可以在我北京的家里安静地住上半年。我保证会让他有宾至如归的感觉，他根本不会想回到喧嚣的费城。他对我表示由衷地感谢，说他会认真考虑这个建议的。陪同州长前来的斯图尔特将军问我，是否能让他统领我的省属军队。他说他喜欢打仗。‘如果是这样，将军，’我对他说，‘那么我们可不能要您，寻衅滋事的军队总是会打比他们应该打的更多的仗，会有更大的伤亡。”

“我认为，黑斯廷斯将军是我在所有西方国家见过的最英俊的男人。他应该拥有一个王位，至少也是个有领地的公爵。可惜他没有穿军装，因为他天生就是有一个总司令的模样，威严勇武、气度不凡。这位州长站在我身边时，我就没有从前那么高大了，因为我不得不抬着头看他的眼睛。我问他有多高，体重多少，他告诉了我，但是我把这两个数字忘了。不管怎样，我们在联邦同盟时，背靠背站在一起，他比我高好几寸。我们是这个俱乐部里最魁梧的两个人。”

“我喝了几杯可口的美国饮料，它被称作‘鸡尾酒’。我命人查了一下这种饮料是怎么调制的。它的里面放了很多香料和甜味剂，非常符合我的口味。我想如果不频繁饮用，它应该不会伤害身体。”

“我感觉，今夜可以安稳地入睡了。”

此后的一个星期或者十天的时间，李鸿章又什么也没写。他很少用西方的方法标注日期或地点，而使用中国的方法，又像是在用不同时代的数字记录时间。我们很难确定他接下来的这些文字是在哪儿写的。但是，根据文字的基调推测，应该是在洛矶山山脉西侧：

“坐了三天火车后。——我又回想起俄国的广阔平原和直插云霄的山峰。但是在这里，我不能将二者做类比。因为俄国的荒原和新地在大东部，而美国的西部则伸展着壮阔的荒野和新开发的土地。我一定要表达清楚，不能留下错误的记录，因为随着时间流逝，很多记忆都会变得越来越模糊。”

“美利坚合众国的西部地区和大西洋沿岸一样，充满了进取心和商业精神，一切都在迈向现代化。自从离开美国的第一大河——密西西比以后，我们的火车已经行驶了几百英里，据说在五十年前，这个地区还没有一个定居点。”

“这是真的吗？难道自从我当了翰林，就发生了这么多变化？一定是这样的！因为所有人都这么说，不可能整个国家撒谎。”

“旅行了几个小时又几个小时，我只看见大牧场上有牛群散步，没有一男人、女人或家禽生活在这片广阔的土地上。接着是一个小镇，又一个小镇，再一个小镇，直到火车从一座大城市的郊外急速穿过，开进一个站台。一个让人再次联想起纽约、芝加哥或伦敦的火车站。遍地是高楼，而且是如此之高，如果站在房顶上，成年男子看起来也像个小孩。地震发生的时候，希望上天拯救这个国家。”

“尽管有人向我解释过，我还是不明白，盖这样的房子，似乎高得能挡住云朵的去处。他们能从中得到什么呢？我理解纽约的做法，因为纽约建在一座岛上，商货托运人什么的不想渡河过湾做生意。城市就变得拥挤，土地也很值钱，所以拥有土地的人就把建筑盖到空中，能盖多高就盖多高，因为天空可以免费使用的。是的，我可以理解纽约那些‘阻挡云彩的大家伙’。但是我不明白，为什么西部城市也要这么做。廉价的土地向四方伸展几百英里，为什么非要看看一个地方到底能挤下多少大楼呢？而且，我认为，如果我就此写一本书，并把它赠送给这些城市里的商人，他们不会感谢我多管闲事的。反正也不关我的事，况且我也不想再见到这些地方了。”

“我不会单纯喜欢一个地方，除非它有什么发自心灵的魅力将我吸引。没有一个地方可以因为它本身令我产生感情。如果我想回忆它、梦见它或者写下它，这个地方一定要与某个人或者某个祖先联系在一起。”

“莫斯科作为莫斯科，对我而言毫无意义，但是我在那里目睹了盛大壮观的典礼，见到了俄国皇后，并把圣明的皇太后的礼物——那枚神圣的戒指送给了她，于是这个地方珍藏在我的内心深处。”

“埃森也是如此，我讨厌它的烟雾和高温，但是因为克虏伯先生，我爱埃森；因为大炮，我欣赏埃森。”

“哈瓦登也是一样的，因为格莱斯顿先生。”

“此外还有费城、华盛顿和弗农山。”

“当然还有我的故乡——那里有我们爱的人！有一个美国人写过

一首关于赞美甜蜜的家的伟大歌曲。我熟悉那个旋律，因为年轻的时候，听军舰上的乐队演奏过，但是我不知道歌词是什么。然而，歌词在每个人的心里，就像费城的老自由钟发出的咚咚声，在每个美国国民的心里一样，只要那些人的心不被骄傲、自私或者对利益和权力的贪婪引向别处。”

李鸿章奏请送到美国学习的幼童

在美国的土地上，李鸿章又在他的日记中写了一点文字。他写这些话是为了忠告他在美国的同胞，要他们切实遵守法律，与周围人和睦共处，积攒钱财，最终回到祖国。

在启航前往中国的前一天，他在旧金山写下了如下几段话：

“今天，我的朋友们带我参观金门湾，这是我第一次从世界的这一边看到辽阔的太平洋。真难以相信它如此辽阔万里。当我登上旧金山海湾入口处的高高悬崖，举目眺望，我似乎能看到自己神圣的祖国。那些有关我的非议和责难，我一概不予理睬——我的心是中国心。在这里，我仿佛看到了皇上，我屈膝向他下跪；我也仿佛看到了天津、广东和汉口，这些我曾经热爱并将永远热爱的地方。我回到住处后，良久无言，这几个月来我走遍了世界，现在唯一期盼的，就是能亲吻到祖国的土地！”

“回到住地后，我已经没什么要说的了。这几个月来，我见识了世界。现在我想体会亲吻祖国土地的狂喜。”

第十四章　手记中的小故事

“1899年7月10日。——太后召见，幽默地说团练这件事已经如骑虎难下，因为它已经为小刀会所控制。也许太后尚需明白，拳匪类似禽兽和骑师，如若稍加鼓励，它们不仅会吞噬敌人，还会把他们的朋友一并吃光。”

“1869年，南京。——所有的洋人都把中国当成自掘坟墓的黄色尸体。除非吃了洋鬼子的汤药，否则永远不会醒来。这些洋人看待中国时，戴的是同一副有色眼镜。然而，他们相互之间却打得不可开交，他们比仇恨中国还要仇恨彼此。法国人恨德国人，俄国人残杀犹太人，但是来到中国后，他们都变成了基督徒。”

“1900年，北京。——我们听到的传闻都是无稽之谈：推翻满清朝廷，让一个汉人家庭取代满人执政！包括我自己在内的每个人都知道，没有一个普通汉人家庭尊贵到足以和平有序地统治这个国家。”

“（没有日期）。康有为有时是一个爱国的官员，有时只是个爱管闲事的笨蛋，更多时候，他是一个没头脑的蠢驴。”

“1864年8月，苏州。——如果在狂热盲信的同时，太平军还有一些统帅有那么一点统帅军队的才能，他们将直抵北方，攻占北京城。一段时间以来，那个自称天王的人（洪秀全）好像真的打算建立王朝，统一整个中国。但是他在宗教方面只是个冒名顶替者，他是个骗子，绝不是军事指挥家。他确实封了许多骁勇善战的人为王，但是这些人中了他的魔咒，他们筹划行动时，时时处处都受到了他的掣肘。”

“1898 年 12 月。——只要有麻烦，就派我出诊，不管是病人死了，还是病入膏肓了。如果那个病人突然痊愈，却没有人表扬我。我得到的永远是责备。无论德国人强占胶州，还是英国人垂涎威海卫，或者黄河决口，我总是那个随叫随到的郎中。但是我非但没有领到酬金，还会因此被罚款。”

“现在山东这档子事，都归咎我和张汝梅(时任山东巡抚)，我们遭到各方的谴责。当然借口是治理黄河时经费处置不当，但真正的原因是我和张汝梅极力反对小刀会的活动。我们一致认为，放任小刀会，有百弊无一利。然而，朝廷不赞成抑制。因参与镇压小刀会，张汝梅被革职。他的职位由鲁莽的湖南布政使毓贤和南京的蒙古将军继任。如今，这项任命表明，朝廷同情这些有组织的无赖。他们自称是爱国者和国家的捍卫者。毓贤[①]是所有官员中最愚顽的一个，过去，他曾经纵容屠杀传教士和教民，尤其不会放过罗马天主教会。也许我们的政府乐于看到外国抢占更多大清国的土地。他们才是真正的罪魁祸首。”

李鸿章对袁世凯的评价颇高

1886 年，李鸿章第一次提及袁世凯：“袁世凯非常勇敢，是一名出色的战士。1884 年，他不惧怕与驻朝的日本人作战。只可惜，没有大批兵力归他指挥。如果他有两个陆军团，我相信那场战争结果将会截然不同。他欣

① 译者注：毓贤(1842—1901)，字佐臣，是清朝末年著名的酷吏和极端排外人士。内务府汉军正黄旗，捐监生，纳赀为同知府。他是满清官吏中“清官若自以为是、危害比贪污严重”的代表者，李鸿章临终前还大骂他误国误民。

赏德国人，特别是他们的军制。这也很自然，因为他的很多部队是德国人训练出来的。擢升山东巡抚后，他也没有忘记求助他们。”

“1900 年 10 月 20 日，北京。——今天我和窦纳乐爵士进行了一番长谈。他是英国派到中国来的最聪明最优秀的外交官之一。我和窦纳乐爵士关系密切，私交甚好。尽管有时，我们在外交事务方面并不是那么彼此欣赏。这些话也同样可以用于欧格讷爵士身上。作为一名外交官，他比任何一个我认识的公使都有能力为英国交上更多的朋友。”

“(没有日期)——围攻使馆时，庆亲王命他的满洲军队按兵不动，这对国家来说确实是件好事。今天我见到了他，我们的关系更近了。他告诉我，七月间，端郡王曾唆使他发动进攻，还丧心病狂地告诉他，一旦把公使和他们的朋友杀得一个也不剩，列强就不敢再向中国派代表了。这是多么愚蠢卑劣的念头！庆亲王知道，就像他说的那么去做，那么列强一定不会放过中国，他们必定会派入一百万的军队进入中国，谋求更大的索赔。庆亲王同时声明，他能做的事情，就是设法稳住他的部队。义和团的凶残给他留下了深刻的印象，他们全都渴望吸食洋人和当地教民的血液。”

“和庆亲王交谈过后，我去了美国公使馆，成功拜会了我的老朋友康格少校。我告诉他我从庆亲王那里得到的消息，但没提到端郡王的阴暗面。他说他知道多亏了庆亲王，那些外国人才可能熬过了八个星期可怕的围攻，也才能活着等来联军的救兵。”

“在文明国家看来，大清国丢了脸，整个国家也遭受耻辱。但是如果庆亲王再软弱一些，向太后、端郡王的命令让步，一方的妥协将成为大清国在世界政治版图上被抹去的致命一步。我恨过庆亲王，因为我去日本的时候，他说过那些难听的话，但是我已经真心地原谅了他。他是大清国的救星，我愿意向他鞠上一躬。”

“(没有日期)——我曾经写过，我和洋人按照商业规则多年交道，我已经十分熟悉他们的性情。我发现，不管从事什么工作，他们的行为都值得尊敬。他们不欺诈，也不说谎。”

“1898年4月。——我不在乎敌人控诉我什么。这辈子我一直站在律法和秩序这边，我从来没有查问过那些机构是白色的还是金黄色的。正派是金，这个道理放之四海皆准。”

“1887年，六月初二。——英国宣称，在处理所有的外交事务时，我常把俄国的利益放在心上。英国的说法是完全错误的，之前它在其他问题上也多次犯错。如果看来我是在为俄国的利益工作，那是因为我相信这么做，能为大清国谋得最大利益。正是因为英国外交部，才导致我在与沙皇政府签订《中俄满洲条约》的问题上被朝廷上下痛斥。但是，在我们与日本发生冲突期间及之后，英国拒绝给予我们哪怕是最小的帮助。然而俄国至少在战争结束时，他们让日本明白，中国不是孤立的。”

“(没有日期)——樊国梁[①]主教，如果我是一国之君，我会让你做军队的最高统帅！你是一名高贵的士兵，你拯救了那一队人的性命。我希望你的教派领袖(教皇)能任命你为教会的首脑。”

——李鸿章暗指樊国梁主教和一些法国人、比利时人、德国水兵，以及三千名教民一起并肩作战，英勇保卫了新法国大教堂。尽管当时的教堂日夜遭到袭击，主教还是带领一干人等守住了，并使围困教堂的义和团损失巨大。

“1900年，三月初，广州。——几乎不存在任何疑问，南方的总督们已经接到命令，准备遣返所有洋人。谁为这道卑鄙的命令负责？起草这份文件的人怎么愚蠢到这样的地步！”

“(没有日期)——外国政府口口声声说要租借我们的土地，我们知道，这些土地已经永远地失去了。”

“(没有日期)——有时，我气恼这些西方‘有识之士’的自命不凡；有时，我为他们感到难过；现在，我经常坐下来放声大笑，直至笑翻饭

① 樊国梁 Pierre Marie Alphonse Favier，1837年9月22日——1905年4月4日，法国人，庚子拳乱时期北京西什库教堂主教。

桌。今天我和一个'教授'谈话，他从马萨诸塞州大老远地赶来，在新式的大学堂里教课。他告诉我，如果他的书还没运到，他不知道该怎么办。"

"'我在工作中会用到十八大卷，'他说，'这些书涉及科学、艺术、伦理和词典学。'"

"十八卷？我问，'这些你都需要吗？'"

"哦，是的，它们涵盖了我工作的所有范畴。"

"我不喜欢当着他的面笑，但是我没忍住，笑了出来。他问我为什么这么开心。"

"'我只是想，西方的智慧一定比我们的透彻。'我便直接回答。接着我告诉他，1711 年，康熙皇帝亲自编撰了《佩文韵府》，它共有一百五十卷！"

"(没有日期)——如果我们的古代箴言'惜墨如金'可以挂在各国外交部的墙上，并且挂在显眼的位置上，该有多好啊！"

第十五章　在义和拳危机中的作为

根据李鸿章的日记所记录，当他还是两广总督的时候，已经预见到1900年初，大清国将很快卷入与外国的冲突。他认为在北方活动愈发猖獗的义和团和大刀会，是这次冲突的导火索。那年二月，他写了这样一则日记：

义和团

“这是我第三次奏请朝廷查禁义和团，但是由于朝廷没有针对先前的奏报采取任何行动，去终止暴民集结，我盼望，这次他们能稍稍留意一下我的请愿。我一再努力，尝试了无数次，只是希望朝廷明白：反对所谓的洋鬼子有百害无一利；把他们完全赶出去，是绝对不可能的；最后一点，也是最重要的一点，万一洋人撤出，不管情愿还是不情愿，大清国将在许多方面变得更加穷弱。”

“在京城的最后几天，我竭尽全力让朝廷了解这些观点的真实性。显然太后心怀同情，荣禄（他是太后身边最有权势、最受器重的心腹）确实是基督徒坚定不移的朋友。但是据我所知，端郡王[1]秘密扶助义和团，而且不择手地劝说太后。如果不加干涉，义和团可能会杀死所有在中国的外国人。端郡王有一群强大的追随者。但是我最担心的是，太后会相信他所说的话，从而在背地里维护大刀会。”

1900 年 4 月，李鸿章发表了此番言论：“我接到朝廷颁发的上谕，我当然不希望这只是对外做做样子：

‘若安分良民，或习技艺以自卫身家，或联村众以互保护闾里，是乃守望相助之义。若此等人只管已事，不必加以干涉。只怕良莠不分，并以此为托词向当地教民寻衅滋事。切记君王仁心平等，不分地域，因此民众需遵循这种精神，戒除发泄私愤，以致引发衅端，遭受惩罚。特告中堂，嘱咐有关督抚严格管理地方官，必须之时，直言公告，号召所有人莫管闲事，与他人和平相处，切莫置苦心之劝谕于不顾。’”

李鸿章评论道：“这简直是一派胡言，说得完全荒谬。我知道国家会因这些暴民而走向困境。但是，我管辖的省份没有那么多义和团，即使有，他们也不敢露头。”

他写道(据推测，时间是 1900 年 5 月)：“朝廷给我发来急电，敦促我剿办我辖地上的不法分子。这下子我被激怒了，这只是在找托词瞎说。这里没有匪乱！将来也没有！”

“最近我和荣禄天天通信，力劝他想尽一切办法，把太后争取到开化者的一边。她现在举棋不定，因为两个心腹的话，她都想相信，糟糕的是，这两个人(荣禄和端郡王)却针锋相对。”

“我为大清国难过。如果骚扰了使团，洋人会持枪提剑杀入中国；甚至，在此之前还算得上是朋友的美国人，也会派陆军和舰队攻打我们。”

---

① 译者注：这里是指爱新觉罗·载漪(1856—1922)，清末宗室，大臣。爱新觉罗氏，隶满洲镶白旗，嘉庆皇三子惇亲王绵恺孙，道光皇五子惇亲王奕誴次子，后过继瑞敏郡王爱新觉罗·奕志为嗣，袭贝勒，三十八岁袭封端郡王。义和团事变祸首之一。

“后来(没有日期)。——义和团发出了致命的一击。他们在街头杀死了德国驻华公使克林德[①]。我认识克林德,第一次见到他是在德国。现在,中国的命运将会如何?反正苍天有眼,我一次又一次敦促朝廷严惩义和团,直至筋疲力尽!端郡王向来仇视基督徒,这些年积怨更深。他很可能已经说服了朝廷,如果不干涉义和团,他们能剪除这片土地上的所有洋人。多么可恶的行为,大清国将为他的愚昧无知付出惨重的代价。”

显然,北方的暴乱让李鸿章坐立不安,但他仍旧心态平静,在广州主持了一场祭拜大典,因为他在日记中这样写道:

“今天我行了开耕典礼。我和属下的所有官员,身穿朝服,坐着轿子来到东门边的先农坛,履行了职责。四千七百年前,伟大杰出的神农氏是这片土地的统治者,是他发明了农业,全世界都应向他致以最崇高的敬意。”

后来,他接着写道:“正如我所料,北方燃起了战火,奸诈的端郡王怂恿朝廷让清军和义和团联手起来铲除洋人。我很心痛,这件事我不想管了。”

接下来,他回到天津,时间大约是八月底:“我又回到了这里,回到了这个我住了很久的老宅,我在这里度过了许多快乐的时光。当然也有不快乐的时候。直隶总督兼北洋大臣的身份既让我公务缠身,又令我忧虑烦恼。尽管难题堆积如山,但是伴随而来的也有不少好处。总而言之,我还是快乐满足的。”

“现在,我的重任,也许是为官生涯中的最后一项重任,就是拯

① 译者注:克林德事件,据载,1900年6月14日,德国驻华公使克林德,下令枪杀义和团团民约20人。20日,克林德乘轿赴总理各国事务衙门,途经东单牌楼时,又开枪寻衅,被清军虎神营士兵击毙。1901年,根据《辛丑条约》,清政府派醇亲王赴德赔礼道歉,并在东单牌楼建克林德牌坊。1918年11月,德国在第一次世界大战中战败,北京人将牌坊拆除,迁至中央公园,改为“公理战胜”牌坊。

救大清国。皇室暂时逃亡在外，洋人控制了京城。我很高兴许多让这个国家陷入可怕困境的恶徒已经被监禁起来，很快就会受到惩罚。人死没有什么可得意的，但我很高兴看到某些脑袋被砍下，尤其是那个人的（毫无疑问，李鸿章指的是端郡王）。如果有人做过这等事，他就应该被凌迟处死。我希望这是对他的可恶和多管闲事的'回报'。"

"看起来所有的国家都与我们为敌。但是有一个例外，这个例外也许会证明，我们可以免于被瓜分的命运。美国人，它也和法国、俄国、英国、德国和日本一起行动，但与此同时，美军指挥官和华盛顿政府向我保证，在必要的时候，他们会在道德和实际行动上反对分割中国。"

"我最担心的是德国人和俄国人。德国人，因为他们的公使被杀，每天都向中国派遣部队，并将委派骁勇善战的几位统帅来指挥军队。如果他们在京城集结大规模的陆军，像他们对法国所做的那样索要巨额的赔偿金，不拿到钱就继续待下去，我担心他们将永远都不会再离开我们的国家。俄国人也是一样，他们在满洲和西伯利亚铁路沿线驻扎了精锐部队。如果他们达成协议，那么即便其他列强加在一起，也不一定能让他发慈悲。不过，我的希望，集中在美国的态度上。"

"同一天，晚些时候。中国驻华盛顿公使发来的急电让我安下心来。美国政府将知会其他列强，并建议联合索赔，它相信我一定会代表大清国赞同这种做法。外国代表们将把这个建议提交到各自的外交部审批。这正是我想要的。"

"10 月 12 日，北京。有消息来报，毋庸置疑，列强在占领北京后立即决定对中国领土进行分割。但他们如同争抢动物尸体的一群狗，无法在各自应得的份额上达成一致。本来他们决定欧洲国家和日本共同行动，不理睬美国。然而，他们发现这个做法不可行，首先是英国，接着是日本，都变得优柔寡断起来。麻烦在于，日本想要的

占领北京的外国公使

那部分势力范围，俄国却声称归自己所有。也许趁着恶狼争吵，绵羊可以溜走。”

“10 月 16 日，北京。今天，我去了一趟俄国公使馆，与外国公使们会面。美国在这个问题上的立场是保存中国领土的完整。美国已经说服其他列强，赞同它的态度。感谢祖宗在天之灵，保佑大清国免于被瓜分。不过，我们要支付巨额赔款，还好，他们把国家留给了我们，我们可以赔付。日本，作为一个宿敌，表现得相对公正。我相信，东京和华盛顿达成了共识。”

“10 月 19 日，北京，美国公使馆内。今天，我接见了一名美国记者，他采访了我很长时间。我本不该接受他的采访，不过因为两点：他所供职的报纸是华盛顿最有影响力的报纸之一，在此期间，他们一直支持大清国。其次，他告诉我，他本想在费城的德国城采访我，但是没有成功，这也算是对他的补偿。我请他将大清国和我本人的谢意转达给那些公正的人，那些林肯、格兰特和麦金莱的同胞。”

这一段回忆里所提及的美国记者，正是这本书的编著者——曼尼克思。

第十六章　辛丑剧变

李鸿章的亲洋倾向，为众人所共知。这种倾向，也使他成为顽固派的“眼中钉、肉中刺”。几乎毫无异议的是，北京政府一直是由顽固派所把持，是他们策划了1898年的戊戌政变。皇太后通过这一场政变重掌朝政，将年轻的光绪皇帝囚禁宫中。那些大权在握的人，希望劝诱李鸿章离开京城。1899年末，慈禧也因此召见李鸿章，并让他自己决定，挑选一个最喜欢的外地，去做个什么官。

12月12日，凌晨两点，李鸿章写道：“秘密觐见太后老佛爷后，返回家中。我内心非常局促不安，因为太后打算让我去遥远的南方，示意那里有事情需要我去处理。我不敢坦率地告诉她，这无非是托词。因为我可以历数北京这些‘老朋友’的罪状，就是这些人，满心想法，巴不得我越早离开越好，妨碍严重的骚乱发生。严重的骚乱！的确，如果发生了这种事，也是他们一手造成的。这回算是顺了他们的意，大家都明白，这种状况，不是我想看到的。”

“我现在上了年纪，快七十七岁了。或许他们认为我老眼昏花，看不清真正的局势。朝廷知道，总理衙门知道，所有了解我生活的人都知道，此时的我并没有嗜权恋位。没有人比太后更清楚，然而她假装去相信这点，把我派到南方，是对我更大的恩典。”

“不过，我不会再对这个恶毒的决策表示抗议。如果寻求此事合乎逻辑的结论，那么结局只有一个：即便大清王朝不被完全推翻，也会遭到灾难性的破坏，令朝廷蒙羞。我应该最后呼吁一下权臣荣禄、袁世凯，甚至那个鲁莽冲动、惹是生非的端郡王。如果仍没有人听从我的善言，我将再次跪倒在太后面前，恳求她为了她自己，为了她的臣民，而把支持义和团的势力从宫中赶走。不过，我担心端郡王已经说服她了。她确信，所有的洋人都将被强大的义和团赶回到海里。如果这些决定国家命运的人，能见识一下我所见过那些陆军和海军，欧洲和美国的强大经济、军事力量，他们就不会再像天真的孩子那样做大梦了！”

在自己的日记中，李鸿章没有透露他是否真的向这些紫禁城里的强权人物发出过最后的呼吁，从而避免他所预见的复杂局面。官方史料中也没有记载他曾经就此事上奏朝廷。然而，他的日记中，多次简短地提及即将动身去南方的事。最后一次，他这样写道：

“即将调离大祸临头的京城，我和许多朋友告别。冥冥之中，仿佛有人告诉我，我再也见不到他们了。既然将选择权交在我手上，我宁愿选择去做两广总督。”

“1900 年 3 月 2 日，广东，在我的老宅——故友伍廷芳[①]写来一封信，感情之真挚，我多年未曾见过。他的信中，充满了智慧和高度的爱国精神。我要把它抄写几份，尽快寄给北方的督抚们，希望他们能够领会伍博士洞察明理的话语。他是我们最优秀的公使，对华盛顿政府的想法以及美国主张的总体趋势了如指掌。顽固的端郡王他们最好听从他的劝告。”

“3 月 17 日。——樊国梁主教写信说，京城里所有开明的朋友，都认为我的离开是一个错误。我同意他的看法。但这只是我一生中在别人挟持下犯的许多错误中的一个。”

“3 月 26 日。——我很懊悔，在 1895 年和日本签订和平协议时，没有同意割让山东省和其他租借地。因为如果这样，中国就除掉了一个祸患。这个地方狂热的义和团，就像谷物船上的老鼠一般猖狂肆虐。毓贤，作为一个满人，朝廷所谓的朋友，却将刀剑交予义和团，助长他们

① 译者注：伍廷芳是清末外交家，时任清廷驻美国华盛顿公使。

内心的残暴。要是让我说,就凭这个巡抚到目前为止扮演的卑鄙角色,就该被革职查办,现在荣禄也会这么认为。我很清楚毓贤的愚昧无知和咄咄逼人,他连给我抬轿子都不配。"

"3 月 27 日。——从北方地区发来的报告,义和团四处滋事,烧杀抢掠。保定府、天津和许多小县城均遭到威胁,京城也在担惊受怕。我无能为力了。从现在开始我要尽量少写多睡。自从来到这儿,我已经度过了许多个不眠之夜。我已老迈,现在离我安息的日子不会太远了。"

"3 月 29 日。——荣禄来电说,老佛爷对义和团网开一面,但是她不会把政府的军队交给他们。我只相信前半部分的内容。"

"4 月 5 日。——袁世凯这样的人,也听凭义和团为非作歹。这实在令人遗憾。据我所知,他就是这么做的。他经验丰富,在朝鲜时表现出了卓越的才能,而且他一直以一个爱国者自居。"

"但是,时事的喧哗似乎冲昏了他的头脑。他应该知道,洋人,哪怕只是德国人,只要他们突发奇想并下定决心,也能毁灭整个大清国。他没有给我回信,所以我也不必白费力气再和他讲话了。荣禄则不同,他总是回信答复我,尽管他常常词不达意。我想他意识到,端郡王已经完全操控了太后。他只是在担心,长此下去,自己会失宠。"

"4 月 5 日。——现在,当局应该未雨绸缪,别再火上浇油了。"

"4 月 7 日。——我给康格少校写了一封信,告诉他,最好告知美国政府,中国即将要发生的暴乱,然后携带家眷赶快离开北京。我非常敬佩这名优秀的外交官,他是一位最可敬的民族最可敬的代表。"

"4 月 16 日。——毕竟,除了家人和故友之外,太后是我在这个世界上最好的朋友。这么说,是因为接到各方的报告。所谓的义和团肆行无忌,屠杀洋人和教民,抢夺他们的财物,背后都有太后暗中支持。如果我在北京,绝对不会坐视不管、一声不吭。这也意味着,端郡王将会千方百计地要除掉我。少活一两年并无大碍,但不论结果如何,我要在接下来的日子里证明自己是忠心爱国的。就像三十四年前那样,与企图推翻大清王朝的太平军展开艰苦、漫长的斗争，我要平息义和拳的叛乱。我也深知，国家更大的敌人，并不是太平军，而是那些阿谀奉承、身披华服的权贵们。此刻，他们身处宫殿，沉浸在太后老佛爷的笑容和信任里。”

“在京城时，我没有用这种方式写，也没有说过类似的话，但我向有权利听到这些想法的人清楚地讲过：如果忘记我的忠告（现如今它们已经被弃如敝履），那么，过不了几个月，它就会再次被人想起。也许到了那个时候，人们的心中将不可避免地充满苦涩和懊悔。”

“然而，我必须停下来，我的手在颤抖，像一个发烧的病人；我的眼睛如同一具干尸的眼睛，仿佛涂了一层浊漆的玻璃，因为我每天睡不上两个时辰。家里人都说，我从来没像现在这样，同时扮演暴君和蠢蛋。是啊，我二者皆是。但是将来，我会努力全面改善自己。但是我希望和祈求，将义和团打入十八层地狱！”

“6 月 10 日。——我最担忧的消息从北方传来了。我收到电报，电报中说，进入北京城的义和团，已经开始肆无忌惮地毁坏外国人的房产。估计，我租给外国商社的那几间房子也很难幸免。反正我不在乎。只可惜，城里有很多英国人、德国人和日本人的买卖场所，都要被毁了。”

“6 月 14 日。——野蛮的义和团杀死了日本驻华使馆的一等秘书。这意味着，我们至少即将要和日本人开战。派别人去当议和大臣吧，我已经受够了赔礼道歉，干站在那里任人谴责辱骂。”

“6 月 15 日。——端郡王肯定掌管了京城的事务，引领朝廷走向必然的毁灭。他应该羞愧地藏起自己的头。他的脑袋里塞满了仇恨的污泥，没有一点真正的理性。如果在北京，我一定会谴责他，他是大清国历史上的头号敌人。我这么说，可能会被斩首，但是对着这个傲慢、愚蠢、无知的端郡王讲出真心话，会给我带来满足感，掉脑袋也值得。”

“午夜。——我的夫人说，民族的忧患快把我折磨疯了。可是她说错了，她这人，经常说错话。如果国家没什么事麻烦我，我才会发疯。半个世纪以来，我正常的精神状态就是一直这样焦虑不安。也许为义和团操心劳碌，是件好事，这样我的精神在正常状态。”

“6月22日。——我接到一封电报，说他们竟然无耻地杀害了德国公使。这些国家的异端分子，以地狱和炼狱的名义，他们到底在想什么？他们称呼自己的首领为玉皇大帝，向他献祭，但是我希望玉皇大帝能猛击而扭曲他们的头颅。”

“现在，不止和日本，还要和德意志帝国开战。义和团的行为太过分了，他们已经把朝廷卷了进来，朝廷要在这件事上对列强们负责。整个基督教世界都将联合起来对抗我们，并把手伸向大清朝的脖子，这就像农夫抓住围栏中鹅的脖子一样。”

“所有的警告都是徒劳的。我说什么都没用，大清朝难逃此劫。我看清了事件的走势，但在最无助的时刻，我无法预见公使馆里的各国外交官们是否安全。端郡王也许会说，这些暴行非清军所为。据我得到的消息，他说的是实话。但是在外国人眼中，这绝不可能为朝廷开脱罪责。日本人一定会心中窃喜，因为他们死了公使馆里的一等秘书。为了这个借口，他们等了很久。自从不该得的战争果实被大清国拿走后，他们的胸中就一直燃烧着懊丧和失望。杀了德国的公使，只认个错是不行的！如果两个传教士丧命，就可以让他们从我们手中夺走胶州，那么克林德男爵死了，他们又会要求什么呢？疯狂的一切，将会导致怎样的后果呢？”

“我不认识那个日本官员，但是克林德男爵是在北京最后与我道别的人之一。那时，他愉快地和我谈起四年前我们在德国的会面。当时，我是德意志帝国的客人。而现在，我的同胞在京城的大街上杀死了他！现在德国人会怎么评价大清国——这个我曾经那么骄傲地谈论、那么郑重其事地尽力代表过的国家？现在，所有的基督教国家都会认为中国人是一群野蛮人。既然我们不遵守最基本的国际行为准则，也就不配得到最基本的国际礼遇。”

“我病了。”

“6 月 23 日。——尽管身体不适，我还是向端郡王、荣禄和袁世凯发去急电，告诉他们，如果他们想让大清国免于被洋人瓜分的境地，就必须动用全部兵力对抗义和团。我还给庆亲王发了一封长电。虽然自从甲午战争后，他并不是很欣赏我，但他是一个坚韧、理性的爱国者。而且他也看到大清国很可能跌入可怕的深渊。”

“6 月 24 日。——我病了，身体很虚弱。从京城捎来的信中，有一封发给媒体的电报，上面说，义和团已经完全控制了京城，但庆亲王拒绝加入他们的队伍。如果他愿意让他的满人军队抗击义和团，他将挽救时局。”

“6 月 25 日。——有一个来自京城的但未经证实的消息，说总理衙门已经向各国发出照会，自大沽口炮台开火起，双方已经进入战争状态。如果这是真的，那么政府已经毫无疑问地走向了毁灭。朝廷在政治上疯狂愚蠢到如此地步，简直难以置信。”

“6 月 29 日。——今天，我收到一份以皇上的名义颁布的通电全国的诏书。我知道这份诏书是太后授意而写的：‘我朝开国二百数十年，深仁厚泽，凡远人来中国者，列祖列宗，罔不待以怀柔。迨道光咸丰年间，俯准彼等互市，并乞在我国传教，朝廷以其劝人为善，勉允所请。初亦就我范闱，遵我约束。讵三十年来，恃我国仁厚，一意拊循，乃益肆枭张，欺凌我国家，侵占我土地，蹂躏我人民，勒索我财物。朝廷稍加迁就，彼等负其凶横，日甚一日，无所不至，小则欺压平民，大则侮慢神圣。我国赤子，仇怒郁结，人人欲得而甘心，此义勇焚烧教堂屠杀教民所由来也。朝廷仍不肯开衅，如前保护者，恐伤我人民耳。故再降旨申禁，保卫使馆，加恤教民。故前日有拳民教民皆吾赤子之谕，原为民教解释夙嫌。朕今涕泣以告先庙，慷慨以誓师徒，与其苟且图存，贻羞万古，孰若大张挞伐，一决雌雄。连日召见大小臣工，询谋佥同。近畿及山东等省，义兵同日不期而集者，不下数十万人，下至五尺童子，亦能执干戈以卫社稷。’”

此为日军所绘制的八国联军攻陷北京宣传画

“7 月 12 日。——我在床上躺了九天，很少能入睡，也没怎么吃东西。惊闻坊间的传闻，我再次被任命为直隶总督。这不可能是真的，因为有几个原因。不管怎样，也不管是否在衙门里办公，我应该留在原地不动。十五年前的那番话似乎又在耳边响起（李鸿章指的是他作为特使动身去和日本议和之前，庆亲王发表的评论）：‘是他惹的麻烦，现在该让他终止这次祸端了。’”

“7 月 13 日。——一个广东当地的媒体发表文章，证实了我重新调任直隶总督的传闻。可由于身体不适，无法去北方赴任。就这么决定了。”

“7 月 14 日。——全家人哭哭啼啼，因为今天的报纸已经确认了任命的传闻。”

“7 月 17 口。——今早接到太后的电报，这个事实令人哑然无语。她命我立即北上，说国家正处于危急关头，急需我出面。是啊，永远都是急需！几个月前，我在北京时，他们不急需我。如果当时他们能问问我有什么忠告,我会积极地献言献策。但是他们不让我说,既然违背圣旨,最好保持缄默。我决定不去,即使因此会付出高昂的代价。”

“同一天,晚些时候。——我刚给太后发去一封电报,内容如下:‘承蒙太后老人家的信任,不胜感激之至。鸿章唯念二十多年来孜孜以求,在直隶总督任上,成功地建立起一套新型的管理机制,如今却毁于一旦。以臣现在的身心状况,恐怕不足以担此重任。如今情势危急,尚需比臣更得力的人选。”

“后来。——我又通过袁世凯给太后老佛爷发去另一封电报,问是否有可能把外国公使们从北京安全地护送到天津。我还对他说,他可以告知太后,一旦健康状况允许,我就立刻北上。”

“7月22日,上海。——看来,我只能服从朝廷的指令,为了一个我根本不同情的一帮人的杀戮行为,而向洋人们鞠躬作揖、赔礼道歉。我想我已厌倦这一切,但是事实好像是我必须要面对这些从来没遇到过的难题和复杂局面。一想到所有这些凭空而来的麻烦,以及他们曾对我真诚无私的劝告那么不屑一顾,我就提不起什么精神处理这个困境。”

“7月23日,上海。——今天一早就接到了太后老佛爷的电报:‘李鸿章必须服从先前的谕令,不许有任何疑义,迅速北上,不容多虑。形势危急,不得借故推脱。’”

“7月23日,午夜。——刚刚写完给朝廷的奏折,明天一大早就得发加急信件给袁世凯。尽管篇幅很长,我还是抄写了一份,如果不能载入档案,至少我的子孙可以知晓我的想法。”

“应需牢记,中国与外来的夷狄之人,自远古时起,就频繁交战。历史的教训告诉我们,最好的办法,是在弄清敌我力量对比之后再做决定。自道光中期起,洋人逐步向我国边境施压,如今我们确实被逼到了绝境。1860年,他们入侵京城,焚毁了清漪园。皇上被迫出逃,并因此而病故。皇上的后裔自然渴望复仇,臣民们也应该继续抱着不变的复仇渴望。自那时起,法国陆续从我们手中夺走了安南,整个藩属国已经不可挽回地失去。日本与我们对抗，将我们赶出朝鲜。更大的灾难和领土损失接连发生：德国占领了胶州；接着，俄国吞并了旅顺港和大连湾；英国索要威海卫和九龙，同时要求在上海扩大租界范围，在内陆开放新的通商口岸；法国也针对广州湾提出进一步的要求。面对反复的侵略行为，我们痛心不已，怎么能保持沉默呢？不试图巩固、改进国防的人，是怯懦的，不盼望着清算仇恨那一天的人，是无耻的。我本人享受朝廷的恩宠，国家对我抱有很大期望。如果大清国开始打光荣的胜仗，我自然满怀欣喜。如果亲见这些野蛮的国家最终被我们降伏、唯命是从地纷纷向朝廷致敬，也是我有生之年的乐事。然而，不幸的是，我不能不意识到这样一个可悲的事实：大清国无法与任何一个列强匹敌，我们的国力暗弱，无法承担此巨任。鉴于影响到国土完整的问题，谁又会愚蠢到向价值连城的瓷器旁的老鼠开枪呢？不用求神打卦，我们也能明白，鸡蛋比石头易碎。让我们举一个最近发生的事件，来佐证这个结论：最近以来，数以万计的义和团和绿营兵联合攻打天津的外国租界，然而，抵抗他们的仅仅只有两三千洋人士兵。经过十天交战，只有一两百名士兵负伤。同样，北京的使馆里即使没有真正的防御用武器，董福祥[①]部的士兵为了拿下公使馆，连续攻打了一个多月，却白白损失了几千人。”

“列强联军的舰队，正抓紧向前线大量运兵。最重的大炮，现在也被火速运到了我们的海岸。大清国有足够的军事实力和他们抗衡吗？是否有一个将领有能力抵抗这种入侵呢？如果外国列强派来十万士兵，他们可以轻而易举地攻占北京，到那时，皇上想逃也不可能了。无疑，你们会再次逃往热河，但是这次没有圣宝指挥，谁来阻截追兵？或许，你们会像 1895 年在马关那样，再召集一次议和议会？但是今天的

---

① 译者注：董福祥，字星五，甘肃固原人，清末著名将领，官至甘肃提督。同治三年组织汉民民团反清，后降刘松山部，参加左宗棠剿灭西北反清逐回和收复新疆失地战争，后率部进京拱卫京畿并与八国联军作战，失败后扈卫西太后。清政府与八国联军议和，他以“首凶”被革职。

情形与那次截然不同。当时，伊藤博文愿意与我这个全权大臣会面。遭到义和团背叛，被所有人抛弃的皇上和太后老佛爷，上哪儿去找一个亲王、顾问或者官员向你们提供有效的帮助呢？你们的财富将毁于一旦。夜里，每每想到将要发生的事情，我常常不寒而栗。任何一个有见识的君主，只要看到这些荒唐的、自称有超能力的义和团，肯定早就把他们处死了。汉朝灭亡是因为相信术士和他们所谓预见未知的能力，史书上不是这样记载的吗？宋朝的毁灭，也不是因为相信披着神奇铠甲的将士有超能力这些荒谬的故事吗？”

“我已经快八十岁了，死亡离我不远了。承蒙皇上恩宠，臣是四朝元老。如果我犹豫不决，不说出内心的想法，怎有脸在阎王殿里面对列祖列宗？因此，我不得不郑重地祈求，并恳求两宫立刻放弃那些可耻的江湖术士，立即将他们处以死刑。”

“你们应该立即采取措施，任命一位高官，命他肃清这些可憎的群匪，负责把外国公使们安全护送到联军的总部。天气炎热，我仍然抓紧北上，从广州去到上海，并在那里准时接到了催促进京的谕令。我的身体很虚弱，但不管病得多重，都不能阻止我听从召唤，赴京平难。仔细读过上谕，我的结论是，两宫至今依然还没有采纳理智的政策。你们的头脑仍旧在义和团的掌握之中，把这些义和团当成恭顺的臣民，结果导致骚乱蔓延，全民恐慌。此外，我孤身一人在上海，手下没有一兵一卒，即便继续北上，竭尽全力来到宫门前，一路上也将遭遇无数危险。结果很可能只是为乱臣贼子们送去了一具尸体，让他们把我剁成肉酱。所以，我要继续留在这里，想一想有什么办法和途径可以招募部属的军事力量。与此同时，我还找机会弄清敌人的计划，并向他们提出有用的外交建议。计划一旦完成，我将尽快北上。”

接下来的几个星期，李鸿章几乎没写什么日记，因为身体的病痛困扰着他。与此同时，他也不愿意继续北上，除非朝廷能保证京城洋人的人身和财产安全，并立即惩办祸首。

“8 月 2 日。——我很担心我的好名声会和那些煽动暴行的人联系在一起。只有太后和她身边的人答应我的要求，我才会北上。”

“8 月 8 日。——一个病人被任命为全权大臣，与列强商讨和平协议。我四肢虚弱，几乎无法支撑身体，怎么能抬起头来考虑这等事情？”

李鸿章日记中有关义和团的最后几行话是 8 月 18 日在天津写的：“休息了几天，我要继续去北京，想办法让列强们住手。如果我的手不这么乏力，我的事业不比我的手更脆弱该有多好。朝廷躲起来了，人们惊慌失措。我担心眼前的任务太重，体力无法承受。不过，在叫停可能爆发的战争之前，我还是要做一件事。我要让洋人们再次相信我们，不要推翻大清朝。我要把老佛爷请回宫中，问她是否接受了教训。”

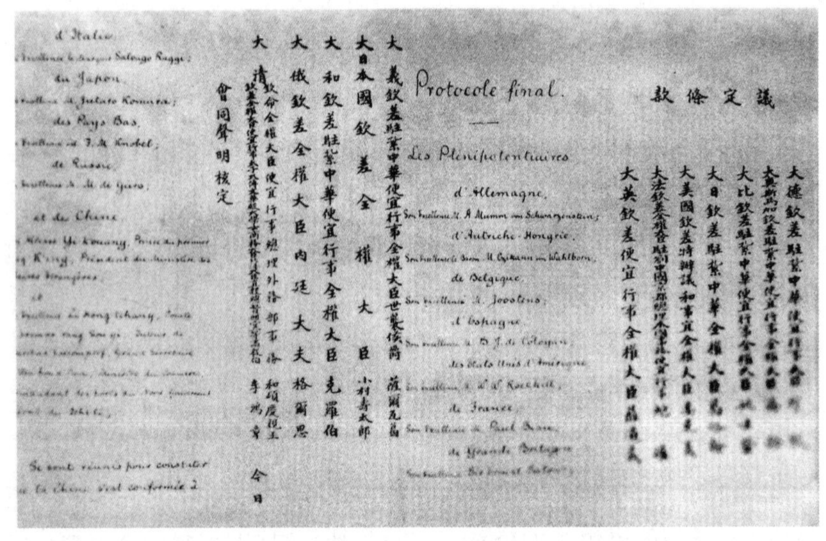

議定條款

大義欽差駐紮中華便宜行事全權大臣世襲侯爵 薩爾瓦葛

大日本國欽差全權大臣 小村壽太郎

大和欽差駐紮中華便宜行事全權大臣 克羅伯

大俄欽差全權大臣內廷大夫 格爾思

大清欽命全權大臣便宜行事總理外務部事務 和碩慶親王

李鴻章

會同聲明核定

今日

Protocole final.

Les Plénipotentiaires

d'Allemagne,

d'Autriche-Hongrie,

de Belgique,

d'Espagne,

des États Unis d'Amérique,

de France,

de Grande Bretagne,

d'Italie,

du Japon,

des Pays Bas,

de Russie,

et de Chine

Se sont réunis pour constater

1901 年，清政府由李鸿章出面斡旋，与八国签订《辛丑条约》，以平息事态

这位“大清国元老”确实让中国重获了主权，他和有直接利害关系的十国代表进行了长期谈判。各方均承认，在七十九岁时，这个曾经希望自己成为中国诗坛领袖的李鸿章，至少做到了有史以来所有中国政治家和外交官没有做到的事情——他获得了让人景仰的月桂花环。

然而，年迈病重的议和全权大臣没有实现最后的愿望，他没能在宫中再次见到慈禧。尽管她自称“接受了教训”，但是李鸿章已经没有那份荣幸，当面问问她这个问题了。因为太后老佛爷从北京城里仓促出逃十个月后，正在返回北京的途中。此时，李鸿章已病入膏肓，并于1901年11月7日病逝于北京的寓所——贤良寺。

Un exemplaire sera remis à chacun des Plénipotentiaires Étrangers et un exemplaire sera remis aux Plénipotentiaires chinois.

Pékin, le 7 Septembre, 1901

一千九百零一年九月初七日

光绪二十七年七月二十五日

在北京定立

此为李鸿章在《辛丑条约》上的签字，签字后不久后他就死去

而慈禧返回到京城里，则是在第二年的1月6日。此距李鸿章的离世，整整过去了六十天。

第十七章　赴朝平叛

“1882 年 3 月。——朝廷好像要把朝鲜问题的全副重担放在我肩上，我想我们只能动用一切力量和手段阻止日本人的企图。① 我的奏折昭如日月，日本人希望搅乱汉城事务，引发一场危机，此时的朝廷，要么旗帜鲜明地主动维护自身的宗主国地位，要么自此与朝鲜一刀两断，永远不再管理那片土地。”

“1882 年，3 月 17 日。——朝廷没有颁发诏书，只是命令我全权负责处理这个隐士王国的事宜。现在，我要为可能发生的紧急情况做准备。这个被侵扰的国家总是麻烦不断。几百年来，朝鲜几乎没怎么进过贡，它一直是独立自主的，甚至非常憎恨我们的影响力和既得利益。然而，一旦隐约感觉到危险迫近，不管危险来自国内还是国外，它就来求我们帮忙。我们从来没有拒绝过它，因为我们把朝鲜人当自己人。一直以来，他们和我们一样讨厌日本国。因为日本国总是一副扬扬得意的样子，无知且自以为是。最初我们教给日本人的东西，他们很快就忘掉了，还自以为高人一等。他们把朝鲜人当劣等人，朝鲜离日本很近，所以他们想当然地把朝鲜看作藩属国。”

---

① 译者注：清光绪八年（1882），朝鲜发生新旧党之争。朝鲜自江华岛事件后，国内维新派组开化党，是为新党；旧党则以大院君李昰应为首。因王妃闵氏一族与李昰应不睦，李昰应遂唆使兵变，焚日本使馆，杀日本中尉堀本礼造。日本因而出兵朝鲜，清廷亦派兵朝鲜。敉平叛乱后，清朝与日本皆驻军汉城。清朝将李昰应逮捕，囚禁于中国保定，1885 年获释。

“我得知是大院君[①]挑起了内乱，他本该大力支持自己的儿子，以便更有效地避免日本天皇的情报人员策动的阴谋。我必须处理此事，并立即致信大院君李昰应[②]，别让他在短时间内，把本来就乱七八糟的事情弄到不可收拾的地步。”

“驻朝鲜汉城的袁世凯派出特别信使请求我的指示：万一再次发生反日兵变，应当如何处理？然而，上次兵变的具体情况，他还没有汇报给我，我对事件的严重性一无所知。如果局势变得很危急，我会响应请求，秘密派出一千人增援袁世凯。”

“袁世凯写信说，日本驻朝公使竹添正在积极密谋让人假意攻打自己的公使馆，另一次骚乱随时可能爆发。袁世凯断言，很多朝鲜国民拿了日本天皇的钱，为日本情报部门工作。他们时刻准备着，只要接到主人的命令，就在日本公使馆闹事，这样就给竹添提供了一个向日本政府投诉的借口。”

“我已经从保定府调派一百二十名亲信，直接归袁世凯调遣，意在搜出那些恶棍。我期望他们能圆满完成任务，尽快凯旋。袁世凯也会因为搜集了全面的信息而得到褒奖。”

“1882 年，8 月 2 日。——汉城传来的消息很令我满意，至少有件很重要的事——不管是死是活，那个我渴望见到的老家伙很快就要成为我的座上宾了。袁世凯派人报，他终于成功摆脱了李昰应这个惹事的包袱，他们正把他押送过来。”

“同一天，晚些时候。——袁世凯的第二封电报到了。他走在大院君一行人之前，比他们先行了至少三十里路。老家伙已经在山海关登陆，正沿着煤渣路疾行。”

---

① 译者注：所谓大院君，是朝鲜王朝时代对那些儿子做了皇帝、自己并非帝王的人的封号。这里的大院君是指兴宣大院君李昰应。

② 译者注：李昰应(1820—1898)，字对伯，号石坡。朝鲜大韩帝国的高宗李熙即位时，年仅十二岁，不能亲理政务，由李昰应摄政，号兴宣大院君。1898 年 2 月死，终年七十九岁。葬坡州云川面旧长陵大德园。1907 年 8 月 24 日，尊号为“大院王”。

“如果这个人不是天生憎恨日本或与日本人有关的一切，我会用他的脑袋装饰衙门口的墙壁。到现在为止，朝廷还不知道捉拿李昰应的计划已经成功了，但如果知道他不在汉城，肯定都会很高兴。”

“我的卧室（没有日期，但很可能是在几天后写的）。因为压力重重、身陷冲突，一个喜欢思考的人也只好退回到自己的世界里。如果抽不出几个时辰，能抽出一时半会儿也好。那时，他会安静下来，冷静地思考命运对他做了什么，以及将要对他做些什么。通常，在没有公务家事或商务牵绊的短短的几个时辰，我觉得思考是最佳的消遣方式：我会穿越光阴，回到过去，总结经验教训，或者展望未来，在冥冥中搜寻那些命中注定的信息。”

“昨日，从京城返回之后，我身心疲惫，很早就休息了。尽管城里有很多外国人要求拜见我，其中包括美国的海军指挥官怀斯舰长，还有我的商业代理人穆麟德男爵递过话来，说他有急事找我商量——但我已经下达命令，无论如何，谁也不能打扰我。就像我说的那样，我睡了又睡。一觉醒来，感觉自己年轻了六七岁。毫无疑问，只有这样，我才可以带着一个好心情接见所有的来访者。”

“在天津所有的美国人和英国人，都管我的早餐叫‘午餐’。尽管在自己的国家里，他们对此有其他的称呼，比‘迟早餐’或者‘早中饭’之类。反正从早餐开始，我就一直在想我的朋友李昰应，如今，他正被软禁在保定府的监狱里。”

“的确，我不得不嘲笑这个老家伙。过去的这些年，他在汉城搞了不少鬼把戏。他怎么那么铁石心肠，竟然催促我们和日本交战。他不再是大院君，而是一个顺服卑微的囚徒。大部分时间里，他想的是脑袋何时搬家？我不希望这位老人遭受精神折磨，他刚走进衙门时，我就乘机告诉他，不会有什么麻烦降临在他头上，除非他傻到企图回汉城。”

“‘但是我属于汉城，属于朝鲜。’他大声质问我，‘为什么要把我弄到大清国来？’”

“我简要地告诉他，他严重破坏了汉城的稳定。因为这个原因，我们才认为最好把他带走，送到一个他不能为非作歹的地方。”

“‘但我有皇族血统，’刚把气喘匀，他就高声喊道，‘不管是中堂大人您，还是其他人，都没有权利绑架我！’”

“一方面很严肃，另一方面又很可笑。我忍不住对曾经的大院君说，历史上这种例子多的是，如果皇室成员不小心谨慎，就很容易误入歧途。听了这句话，老家伙好像平静了很多。如果没有打消他的恐惧，至少也立刻让他安静一些，他轻声问，朝廷想怎么处置他。”

“我安排这个前摄政王在保定府的大狱里待上一段时间。考虑到他先前和现在的处境，我也给予其相应的待遇，避免他再捣乱，因为这家伙的确是个惹麻烦的人。目前我们在朝鲜还有很多矛盾要处理。必须时刻提防敌人，说不定他的朋友们会做出疯狂的举动。我们就是这样对待好朋友李昰应的。但是，他现在要比在朝鲜安全得多。”

“1882 年，12 月 19 日。——香港报纸刊登了一则美国的电讯，说美国一些报刊的编辑们认为，我把大院君从汉城带到中国，是骇人听闻的暴行。那些美国报纸把大院君看作美国的伟大朋友，说整个朝鲜只有他一个人表现得很开明，因为他在 1867 年接待了美国的远征军。”

“这显然是谬误，因为朝鲜根本没有接待 1867 年的美国远征军。要不是我，今天的美国和朝鲜十有八九不会签订协议。去年的这个时候，那个率领远征军无功而返的美国海军准将薛斐尔来到天津。我们探讨并分析了向朝鲜新派使团的问题。我们草签了一个协议，后来在汉城大院君和薛斐尔准将才最终达成协议。”

“此外，为了历史的真实记录着想，我要在此强调一下，是我的手下陪同并护送美国海军军官到了济物浦，所有人乘坐的也是我的船，我还写了一封信，强力推荐薛斐尔，并让他把那封信带在身边。那封信是写给李昰应的，我在信中敦促他，如果他在乎和直隶总督的友谊，就让他的政府签署美国海军军官携带的那份文件。那么朝美条约就是这样签订的。现在美国人，因为他是美国的‘朋友’，就把我‘邀请’大院君到中国做客，说成是暴行。”

李鸿章在手稿中还提到了另一个协议，这个协议以他和薛斐尔准将的协议为蓝本，大院君和他的大臣们，以及代表大不列颠的……(我手中的这份文件已经破损，其人的名字也抹去了)在上面签了字。

“1883年，保定府。——今天，我邀请老朋友李昰应吃了两顿饭。因为人身自由轻微受限，他显得有些焦躁。他说如果能活更长时间，一定要允许他回朝鲜，他说这只是为了和家人团聚。我告诉他，朝廷已经决定，他必须留在中国，至少再待上几个月。听了我说的话，他先是很激动，后来又变得很忧伤，最后他宣称，如果处境不改变，他将自杀。我问他是否想多要几个仆人，还是少要几个。他激动地回答：‘少要！少要！把那群该死的人都带走我才高兴呢。’”

“所以说，世上有这样一些人，你提供给他全部的物质需要，他也不能满足。”

后来，李鸿章在他的日记里写了一句简短的话，而且没有注明日期，他只是评论道：“但愿李昰应阁下现在满意了。”

这句话不禁让学者们疑窦丛生，这时，这位前任老国王是曾经向李鸿章威胁的那样自我了断了呢，还是已经获准返回他渴盼已久的汉城了呢？除此之外，李鸿章没有进一步提到强迫朝鲜大院君与自己会面的情形。

“(没有日期)——朝鲜问题已经发展到这个地步，我认为在这个关键时刻，有必要充分强调我们的宗主国地位。我已经把一份涉及朝鲜政治地位的声明寄给袁世凯，让他送交日本公使，再通过他转交给日本政府。我已经将此事原原本本地电奏北京，朝廷对我的做法表示赞同。”

“日本既没有继承，也没有获取对朝宗主权。我们否认天皇的代表或代表们拥有干涉藩属国内部事务的权利。中国以外的任何国家不得干预该国的内政和外交。毫无疑问，中国拥有绝对的宗主国地位，日本现在必须清楚中国对此事的坚定立场。”

“我代表朝廷将此份声明交给朝鲜国王，这份声明将张贴在汉城和其他城市的城墒上，以及纳贡国的各个港口。”

“这是在向自以为是的日本国发起挑战，但是包括俄、英、美在内的许多外国政府驻汉城的代表，都要求我们阐明自己的立场。”

“从过去五六年的通信，尤其是过去一年来我与列强的公使以及特别代表会面来看，日本人在朝鲜的横行霸道令全世界不悦。我相信，中国拥有对朝鲜的宗主权一事已经得到并将继续得到大国们的道义支持。一些国家可能并不完全赞同我们现在要求的部分主权，但是没有一个国家从道义上支持层出不穷地提各种要求的日本。”

“1883 年 5 月。——户部和总理衙门完全同意，我本人也相信面对朝鲜不尽如人意的财政状况，只有这么做才是对的，我任命了穆麟德为朝鲜海关总税务司，他将再次赴朝。他不止一次访问过这个国家，他懂得当地的语言，了解当地的人民，最重要的是他在财务方面能力超群，是担当这个职位的不二人选。我在各方寻求更好的结果，相信朝鲜王国的财务状况将在短期内达到至少可信的程度。”

“穆麟德同时担任朝鲜国王的外交顾问，这样可以阻止国王采取任何不理智的行动。”

长期以来，穆麟德男爵深受李鸿章信任，在被任命为朝鲜海关总税务司之前，他是李鸿章的幕僚。从李鸿章的日记中可以看出，他非常钦佩这位德国人的商业才能和正直诚恳，所以才允许他详细了解自己的实业和政治事务。正如上面所说，总督对男爵抱了很大希望，期待他在汉城有所作为，但是在接下来的日记里，也就是在 1884 年和 1885 年，李鸿章适度表达了他对穆麟德的失望。这与他在朝鲜首都时个人与官方的行为有关，在此期间，穆麟德秘密与其他政府来往通信，商谈有关隐士王国的事宜，泄了很多的密。当李鸿章最终发现时，他在日记中透露了想要报复的念头。穆麟德好像害怕他的欺诈行为暴露，实际并没有，于是他很快离开了朝鲜，并带走了一笔数额不明的公款。

1885年,朝鲜海关总税务司一职,改由赫德爵士[①]兼任。此后多年,这位勤勉能干的赫德爵士一直操控着中国的海关和邮政。

① 译者注:赫德,英国人,二十八岁担任大清海关总税务司,掌权长达四十五年。1854年,十九岁的赫德来华,先后在英国驻宁波和广州领事馆担任翻译和助理。1859年起任粤海关副税务司。1861年起,代理总税务司职务。1863年11月任海关总税务司。1908年休假离职回国,仍挂总税务司的头衔。在主持中国海关的近半个世纪中,赫德不仅在海关建立了总税务司的绝对统治,而且其活动涉及中国的军事、政治、经济、外交以至文化、教育各个方面。

第十八章　割让台湾

李鸿章一度曾认真论及了割让台湾岛给日本的问题，这是他撰写的最长的独立政治手稿中的一篇。这篇手稿的篇幅如此之长，可以印成一本相当厚的宣传册。他用这座岛屿的古代名字“台湾”称呼它。但是在很多地方，他却用诸如“海匪之地”、“蛮荒之岛”来称呼它。①

这篇专著很可能写于1897年，因为文中提到了“向朝廷致歉书（主题相同）”。他在这篇专著中引用了刚才说到的内容，指出这是1896年阴历九月送交的。现节录部分内容如下：

“从最初了解国事时起，我就坚定地认为，台湾岛是一个蛮荒之地。此岛上基本没有人肯安顿下来、用心去过农耕生活，即使他害着最严重的麻风病。父亲有一次去海上旅行，回来后他对我说，他看见许多棕色皮肤的海盗被带到岸边，切成碎块。他说，人们把这些碎块抛撒在各处，是为了不让这些凶悍的家伙活过来，再长成一个人。”

“类似的故事给年轻的我留下了极深的印象，但是当我可以通过事实、报道和常识研究这些问题时，我不会让它们影响到我做出判断。我

---

① 译者注：本章中关于李鸿章对台湾的态度，纯粹是作者臆想的，不能作为历史事实来看待。据史载，李鸿章在与当时日本首相伊藤博文进行马关条约的谈判时，曾在第三次会谈中声明“台湾已立一行省，不能送给他国”。第四次会谈中，警告日本“拟请所让之地，如果勒令中国照办，两国子子孙孙永成仇敌，传至无穷矣”。在之后的另一次会议中，李鸿章总结道：“总之现讲三大端：二万万为数甚巨，必请再减；营口还请退出；台湾不必提及。”足见当时李鸿章是极力争取保留台湾的，只是最后由于清朝的电报密码被破译，因此日方获知中国底线为尽快促成议和案，导致日方强硬坚持割取台湾。

知道这个岛如澎湖列岛一样给朝廷献贡，很规律，每七个月献一次，这只是给人们眼里撒沙子，迷惑人们，那些人就可以更好地抢劫掠夺。这就像我的一个仆人给我带来一只鸭子作为礼物，让我觉得他很好，而他的目的却是夺走我漂亮的家禽池塘。”

“此后的几年间，我深入研究了大清朝的这片领土。这片由郑成功收复的领土，一直以来都向朝廷纳贡，朝廷上下笑着受贡，心里很开心。曾有过一段时间，这个岛上只有个别的海盗出没，不仅骚扰广州的船夫，就连从澳门到上海的船只也不得安宁。时而至今，他们发展到能够大肆劫掠外国船只，将地方总督甚至朝廷一道卷入财务困境和战争边缘。”

“可是，这些问题是很多人都不知道的。早在 1873 年，当英国商人来天津向我诉苦时，我就恳请朝廷要好好管理台湾岛，或者，干脆让英国人来管理这个恶劣的岛屿。”

“这是我第一次就这个问题向朝廷奏本。这次的启奏，让我差点丢了官位，失了性命。此番被召进京，总理衙门质问我鼓吹送出部分帝国领土是什么意思，我回答说若是送出的土地对整个国家来说是阻碍而不是什么好处，我觉得很好。如果台湾岛不能被卖，我建议作为礼物送给英国。我对总理衙门说，因为英国人已经准备好了夺取香港，我们可以对等地把台湾作为礼物送给它。当时，我还不知道我的那番话，实质上打击了朝廷的大国气势。我回到天津，决定不再为分外之事操心费力。我相信，上面的申斥是造成我不能再多管闲事的原因，那些年我兜中无钱、仓里无米，无兵无势。”

“在共同关注的问题上，穷人总是处于劣势。当一个穷人起身讲话时，人们会问：这个家伙是谁，他有什么资格提意见？当得知他身无分文时，人们甚至还能当着他的面朝手心里吐唾沫，并把他的建议投入火中。但是，如果有钱人讲话、写信或者控告，即便他的智商等同于一岁小孩儿，或者他的脊骨弯曲不体面，整个城市的人也会听他讲话，并夸他明智。”

"——一个没有足够兵力或财富武装自己的官员也是如此。他可以通过学识和能力得到这个官位,但是要听还是从官衔更高的人摆布。"

"我们都渴望获得某种官职,哪怕只是村长或者衙门官差,但是官职低的人总是处处受困。所以我们都必须从低处做起,并通过能力和学识获取更高的官职。但是当小官的那些年,尽管我从父亲那里获得了很多财产,但我心中并不是很快乐。我一度非常憎恨官场,也非常厌倦。可如果没有恩师曾大人的提携,以及在行伍中提升的机会,我可能会转向农业和园艺。"

曾国藩当时是两江总督,是他给了李鸿章第一次成为军事统帅的机会。李鸿章在日记的其他部分也详细地描述过此人。

"我从日本议和回来时,朝廷把先前的奏折摔在我脸上,对此我有点庆幸,因为它完全驳斥了苛评者的言论:他们坚持认为,一方面,我收受了敌人的贿赂,才将台湾岛转交给他们;另一方面,我遭到日本人的威逼恫吓,于是变得胆怯软弱。"

"去年九月,在向两宫写致歉书时,我曾提到割让台湾岛的问题如下:'二十三年前,我曾向朝廷奏本,或者至少尝试过这么做。奏本中说明了,台湾不过是这块美丽神圣土地上的一块黑斑。不管它被任何人以任何一种方式拿去,都会让国家收益。如果这份本应被重视的重要文件已经被保存起来了,那么,现在完全可以在总理衙门的档案中查到。不能说当时我已经和日本人结成了任何形式的同盟。因为任何时候,我的心中都对日本人充满仇恨。所以,任何人指责我喜欢日本都是无稽之谈。1873 年,我因为建议朝廷交割这块没有任何价值的土地的管辖权而差点丢了官。现在,他们却因为我在马关同意把对朝廷没有价值的台湾岛割让给日本人,而认为我软弱!"

"是啊,伊藤博文在起草条约时,割让台湾岛是主要条款之一。我当即表示,除了这一点,我几乎可以答应任何条件。但是,当我独自一人在另外的屋子里沉思时,尽管身体因为遇刺而虚弱,我几乎还是要手舞足蹈起来。我暗自得意,但是我还是极力请求日方的全权大臣,千万不要让天皇坚持得到那座大岛。伊藤博文同意,这个问题推迟到下次会晤时讨论。休会期间,我很担心他改变主意。不过,谈判双方再次聚首时,日方成员坚持要把台湾岛割让给天皇,我勉强同意了。我方所有的人员完全赞同我,认为让出台湾岛并不吃亏。我也期望朝廷和大臣们能够和我们保持一致意见。"

"我发现,即便用尽全力,也不要渴望总是得到他人的认可。过去的两年,朝野内外都说是我丢掉了中国一个最宝贵的领土。然而,我忍不住要告诉我的所有国人,让他们现在了解,将来回忆,在那次议和会议上,我几乎会愿意把台湾加在天皇的任何要求上。当然,那些要求我们要同意,甚至从我们手中拿走台湾岛,我愿意赔付更多的东西。"

"我们的朝廷还要这个黑色疮疤干什么?首先,如果台湾真在我们手里有那么大的价值,英法列强早在多年之前,就可以向我们要求得到它了。就如我们失去了很多临海领土一样,我们会在一次一次的武力争端中,早早就失去台湾。但是,西方人或许比朝廷更清楚台湾岛的价值几何,或者说,他们知其毫无价值,所以一直把它留在我们朝廷手中,耗费我们的钱粮和人力去管理它,而所获甚少。许多年前,我就极力主张发展海军,我宁愿自己花上几百万两银子建立一支中国海军,增强我们的海上实力。如果我们是一个海军强国,台湾岛就可以成为一个优良的海军基地。但是作为一块化外之地、一份疆域财产或者一个新的省份,台湾从第一天宣布效忠朝廷开始,就是一个烫手山芋。"

"台湾人不是真正的蒙—汉族裔人群,他们不是我们中的一员,也不同我们站在一起,为此,我们感谢列祖列宗。我相信,在亚洲,在整个世界没有一个种族比台湾人更低级更污秽。在大陆,难道我们没有足够的罪犯和低等人要处置?"

"这些人不是农夫,不是山里人,也不是猎人。猎人猎杀的动物毛皮可以换来钱财,也可以在寒冬中给人们保暖。他们甚至不适合去做战士,因为他们目无法纪,且不能学会。虽然很多沿海草民会成为很厉害的海盗,但是他们不能在正常的船上当优秀的水手。沿海地区和后面丛林中的人都是割喉人，从嘉庆年间到现在一直如是。”

“他们甚至没有刚才所说的阶层高级，因为鸦片吸食者、捕杀头颅者和污秽的麻风病人能是什么样的人！我从官方和商业途径（我当北洋通商大臣时）得知，他们很多人都吸食最低等的鸦片，其余不吸食的，只是因为无力承担或者没有途径得到那些最肮脏最邪恶的鸦片，而不得不戒食。英国人已经把鸦片施加在中国人民头上五十年了。如果周围沿海港口没有鸦片，如果我们的商船没有被迫押运这些邪恶的东西，台湾岛的居民就不会吸食鸦片，也就不会让自己在社会道德等级中变得如此低级。”

“我很清楚，朝廷的一些官员对台湾岛的未来抱有很大的期望。有些人把在台湾修筑铁路，看作是真正的工业和金融进步的开端。但是我本人和刘铭传①就兴建铁路和其他工业项目讨论过几次。刘铭传曾

李鸿章创办的金陵制造局

① 译者注：刘铭传（1836—1896），字省三，汉族，庐州府合肥县人，李鸿章旧部。淮军将领，洋务派骨干，台湾第一任巡抚，不但打退了法国舰队的进犯，而且练洋操、议铁路、建台省，为台湾的现代化作出了突出贡献，被称为“台湾近代化之父”。

经非常热衷此事，但他后来改变了初衷，他曾经找过我，说他已经对在台湾投资失去了信心，希望我为内陆的矿产开采提供资金。这与他之前对台湾十分中意的言论相差甚远。事实上，我个人已经在打狗（高雄）和台南进行过小规模投资，但我不期待着它们会比对日本的政治投资有更大的收益。”

“如果中国西部没有几亿英亩的土地，没有在蒙古几百万土地，江苏和山西几百万，甚至在远西和西藏地区没有未透露过的几百万英亩土地，了无人烟，我们或许会被这座大岛吸引，试着重建它。但是有那么广阔的土地无人居住，无人耕种，我们要一片野林的台湾干什么？那里满是个人头者和吸大烟的人！”

“自大明朝的嘉靖皇帝以来，台湾岛就问题层出不穷。为打击周边海盗，国家支出了巨额经费。大明朝的国姓爷郑成功，是一个曾经为中国带来荣耀和财富的台湾人。我同意这个说法，因为国姓爷确实做了一件好事，他把荷兰人赶出了台湾岛！”

“我的敌人会说，我写这篇文章无非是在这个问题上为自己的名声辩解。在某种意义上说，当然是这样，但在更大的意义上并非如此，因为这篇文字主要是为了向我的同胞们做个说明：中国割让台湾给日本人并没有损失太大。相反，却由此可以受益。当我们的每一寸领土都值得我们守护的时候，面对西方人，我们从来没有全力以赴自己的财产。后来，面对着日本人也是如此。既然我们没有能力阻止得了日本人，我们只能作出计算，用最少的损失来保障自己的国际关系。英国人永久地获得了香港，但他们却不谋求地盘更大的台湾，因为他们深知，即使得到台湾，也不会变得更强大。为了朝廷的东方水域里列强们能够势均力敌，我更乐意让日本人窃据台湾。随着时间的推移，他们将会受台湾所牵制，或者倾力经营台湾，否则，他们将在朝鲜和我国东北泛滥成灾、无孔不入。但是，我相信多年之后，我们有能力从日人手中收复台湾时，日本人绝对不会像国内那些清议家那样，说我是一个高尚、慷慨的赠送者。”

第十九章　对于政要们的评价

李鸿章作为当时中国政治的权枢者，掌握着重多的实权，因其面向世界形势的心态，在大清帝国官僚当中是最为开放的，故而颇受西方列强政治家们的青睐。他也得以接触到大量的西方政要，本章收集了他日记中对于一些政客的品藻。

俄国沙皇

“(1897 年写于北京)今天，邮差们给我送来了一张全新的英俊画像，当今的俄国沙皇和皇后。画像被美丽的画框装饰着，上面还有沙皇的亲笔签名。现在，我已经把它挂在了我的卧室中，跟我访问莫斯科时，沙皇陛下送给我的其他礼物陈列在一起。”

“我是不会忘记与沙皇接洽的愉快，也永远不会忘记在俄罗斯经历的一幕幕。我在莫斯科时，急于了解他对于中国事务的兴趣、想法和意图；而他或许很想了解我对于许多重要远东事务的观点和看法。但是除了简单的政治考虑，还有个人情愫在其中。沙皇陛下邀请我赴圣彼得堡和莫斯科参加他的加冕典礼，把我当成一个君主而非特使。他的皇后同样是个好女人和好皇后，非常注重照顾到我这样一位一把年纪的老人家。”

“我并不能确定在访问期间，觐见过沙皇几面了。我所说的觐见，并不是简单的朝拜那样子。只有一两次算是正实觐见，其余的则是很随意的面对面交流。喝茶，聊天，听音乐，我想他们欧洲称之为

'音乐茶会'。当然,沙皇能邀请我作为中国人的代表,参加他的加冕典礼,是非常荣耀的事情。此前,我还在一直犹豫不决,也不确定我们神圣的太后是否确定让我来参加这一典礼。最后,尼古拉殿下亲自拍发电报,邀请我参加他的加冕仪式,只有我去他才满意。我从来没有想过会因此离开中国,作为纯粹的观光者赴欧洲。特别是最近中俄两国政府在不断地交恶。沙皇的邀请,给了我一个走向世界、接触西方列国的好机会,包括俄国、法国、奥地利、英国、美洲的美利坚合众国。"

"在我两次拜访沙皇时,他表现出非常关心俄国在远东边缘省份的利益。沙皇甚至学会不少的中国话,有些还是很长很复杂的对话。他邀请我参加晚间的国际招待宴。他谈笑风生,好似我是他生活世界中的一个熟知的国人。我至今还记忆犹新,沙皇谈及他做皇太子时到远东的旅行。他说我的一个同胞曾经试图谋杀他。他又说,自从做上了沙皇,已经习惯于面对暗杀了。当时,房间里有不少的人。几乎所有的人听他这么说都笑了,只有维特伯爵还有我没有笑。因为我不觉得暗杀政要是一件可笑的事情。"

"在我个人拜访沙皇陛下的经历中,发觉他是一个有亲和力,非常开明民主的人。我知道,可以像我这样如此接近他的人很少。他的待人方式是自由和无拘束的。但通常,他本人都是非常地安静,非常开明,且低调。一开始,我在他的面前非常不自在。但当他无意中为我递送一支雪茄,端上一杯酒时,我意识到自己是在与一名标准的俄罗斯绅士相处,而非是统领拥有世界上最广大领土的帝国的君王。"

"离开圣彼得堡之前,沙皇陛下赠送给了我很多的个人礼物——一部分由我代送给皇上和太后,紫禁城内的妃子们,我本人和我太太。送给我的礼物太过于丰厚,是一件内衬绸缎的貂皮大衣,据说至少值一万五千两纹银。它真太贵重了,我大概只能在最冷的天气里,在最珍贵的场合穿着。"

大清国海关总税务司罗伯特·赫德先生

“(没有日期)——整个海关财政的大权都被放到了一位外国人，罗伯特·赫德先生手中。不过，他让我们看到了希望，可能不再缺钱花了。尽管，我坚信我们中国也有不错的本地银行家(在此枚举了很多中国的名字)……他们其实都能管理海关。罗伯特爵士是英国政府高度赞赏的一个人，他被推举前来是非常自然的，大不列颠政府非常害怕他们的东方投资失去哪怕几英镑的损失。”

“1883 年。——有人建议我把朝鲜的财政也交由赫德爵士管理，但是我还没有做好充分的准备。就个人而言，我在那里投入了大笔的资金，因为朝鲜局势，我的钱有收不回来的危险。在把所有事务委托给这位管理者之前，我希望收回那部分的投资，因为我有时会怀疑他处理事务的方式。”

“1890 年 12 月。——或许，在政府部门工作的所有洋人都不如赫德爵士那样正直清廉。昨天他来我家里做客，我们共进了晚餐。在我们相识并共事的最初几年，差不多是二十五年前，我对他一直不太信任，不过，我现如今已经加深了对他的理解。在我相识任何的陌生人之前，我都会对这个人心存怀疑。然而，我已经充分对赫德爵士能力有所了解，并分析了他每年的成绩。我可以毫不犹豫地说，这个国人是我们大清国最真诚最忠实的朋友之一。同时，作为一名账房总管，他诚实肯干、头脑敏锐，非常令人满意。”

英国首相格莱斯顿先生

“就像我在环球旅行时写到的那样，如果我不是李鸿章，我希望自己能成为英国首相格莱斯顿先生这样的人。当然，我可不是想患有他身上的慢性病。我猜，他也不愿意患上我身上的风湿病和心脏病。但是，在格莱斯顿家所逗留的那几个时辰里，他给我留下了深刻的印象。在我看来，这位格莱斯顿先生不仅智力超群，还拥有出色的意志力。他敢于实践自己的任何一种信念。他的样子比我在全欧洲看到的任何人都诚实。我相信，如果交由这样的人士管理着英国的事务，英国政府绝不会犯下什么大的错误。”

宾夕法尼亚州州长黑斯廷斯

“他们告诉我，拿破仑个子很小，看上去根本不像一个皇帝。当我在费城见到黑斯廷斯将军时，我想起了拿破仑，以及他率领千军万马，开疆拓土的雄姿。他应该就是这个仪表堂堂的美国人的样子?”

“后来，我听说他去世了，我希望这不是真的，因为我打算回国后写封信给他，而且我很想给他寄送点中国的好茶去，够他喝上一辈子。”

“他看上去是一个开国帝王或者常胜将军应有的模样，英姿飒爽。宾夕法尼亚州州长黑斯廷斯将军也的确是一个热心肠、好交朋友的豪爽人士。他相貌堂堂，而且很有幽默感。我们在费城的一个半官方酒店聊了好几个时辰，可惜我们不能说同一种语言，交谈时必须借助翻译。我们讨论社会问题时，那些翻译很讨厌。他们往往词不达意，糟蹋了我们所讲的内容。而且，还经常搞不懂要点所在。在政治和商务方面，还可以容忍他们，聊到私人问题，就非常不好了。不过，有时作为历史见证者，他们还是很有用。”

美国总统克利夫兰

“克利夫兰总统不能像他杰出的前任格兰特将军那样，向我承诺一定来远东访问。这对我来说，是一件遗憾的事情。十七年前，格兰特将军镇压美国南方的叛乱时，我正在中国剿杀太平军。如果克利夫兰总统答应访问中国，这对我是极大的荣幸。我会精心安排他的行程，并以从来没有过的最高礼仪，盛情款待这位大人物。但是这个美国总统没给我一点希望，他宣称，任职结束后，他希望去安静的乡下生活，不再积极参与美国的公共事务。”

“将来一定会有更年轻、更出色、更有能力的人为这个国家谋求福祉。他这么说。”

“我还是很难理解这种态度，因为他领导这个民族这么多年，威望很高，我不明白他为什么能放弃这些权力，而自愿隐退到私人生活里。我们中国人绝对不会这么做。他们视天下公权为自己私有。”

“我问总统有多大年纪了。他告诉了我，可现在我忘了。他肯定比我小十四五岁。他说，就目前来看，他的身体还不错，而且他喜欢树林和田野，喜欢划船、打猎和钓鱼（如果中国人看见皇上在钓鱼，哪怕是我本人，都会惊奇地瞪大眼睛！）。在我看来，克利夫兰先生的大部分时间都在户外活动。他的魁梧强壮让我想起了俾斯麦，不过他的面庞没有他那么红润，嗓门也没那么大。”

英国公使欧格纳爵士

“我和这位英国公使打过很多次交道，我发现他无可挑剔。”

“我对他在朝鲜的一举一动了如指掌。听说他要调入北京，我很高兴。他来到北京后，我们能够成为知心朋友。但是，这种友谊从来没有影响过中英之间连续交战。”

日本首相伊藤博文

“和这个人讨价还价总是很困难。不过，他的乖僻倔强并不是个人行为。他只是那个国家的杰出代表。他内心仁慈，本质上是一个谦谦君子，但是他背后的京都府总是鞭策他，让他看上去苛刻无情。他为这个国家尽职尽责，而那个国家哪里值得他这么做？”

美国公使康格

“美国公使馆里，我几乎不认识什么人，但是我认识康格阁下。康格夫人和拙内相处得也很熟。康格上校昨天来过我在京城的寓所，我们一起回顾了不久前所发生的义和团运动。我们没有像任何对立情绪的外交官那样尽职，竭尽全力打听彼此的秘密，却是像一对朋友一样，看到一场中国有史以来最危险的一个排外事件。看着它就这样最终平息下去。在那段时间里，代表着美国支持的力量的康格公使，是我们大清国最强有力的朋友。要不是美国政府采取这样的立场，真不知道大清国的命运将会是如何。[①]”

① 译者注：这里指美国力陈，列强不能瓜分掉中国。

第二十章　鸦片陋习和贸易

如果可以得到公开发表，李总督关于毒害中国的鸦片陋习和贸易的记录，完全可以作为方家的重要参考资料。对于这种致命的麻醉剂，从年轻到老年，他都怀有一种持久不变的憎恨。但他终生又与鸦片保持着千丝万缕微妙的联系。他曾跟亲家坦言，自己也被卷入鸦片文化当中了，“不过只是为了药用，作为制造药物的原料。”他坦言，曾把部分湖北的田产用于“鸦片文化”中（指租赁给人种植鸦片）。这是他日记里最有趣的一个部分，因为与此同时，中国政府正在严厉地禁止吸食鸦片和打击鸦片贸易。

他日记里有关鸦片的内容最早写于 1845 年，他还是一个在合肥的贡生。那时，也确实是所谓的“鸦片战争”爆发的年份。在日记里，他如是写道：

“日复一日，月复一月，我劝诫我的好友何启戒掉吸食鸦片这等陋习，因其已荼毒千家万户，危害甚重。无可奈何，何启已经全然失掉了志向，沉沦其中不能自拔，恐怕我苦口婆心去劝诫也没有任何作用。我非常痛恨他这种状况，但追究其最主要的责任，都在他的父亲。这位老翁将鸦片恶习带入其家中，让他的几个儿子一起吸食这种丧门的膏药。”

“今天，我又赴何启家里去找他，但他的母亲说他已经很少归家了。他的大部分光阴皆抛掷在郊野围屋，浑浑噩噩，不知所终。他的父亲也似如此，诸多兄弟皆是如此模样。这样的灾祸，若降临家中一个成员的头上，则其他人都难以幸免。鸦片荼毒，其子辈所受之苦，将远甚于其父辈。我不禁庆幸我家未曾蒙被这种大难，都是因为家父谆谆教诲我等务必远离毒物而洁身自好。像何启父亲这样本来很有德名的人，何以非将这样的灾祸带入家中，难道他没有任何远见，这种陋习会导致他举家衰败直至完全败落？"

"近日以来，我父亲严厉警告我不得再与何启为伍。我念在两人的旧情分，最终还是多次到烟馆里找他。想要见他，是一件非常容易的事，因为他如今的大部分光阴皆浪耗于这个人所共知的邪恶之地。本地有二百多人终日麇聚吸食洋烟土。我恰好在烟馆外遇到了他，正好他吸完烟准备回家。我上前指责他的言行，将我满心的不快之意倾泻一空。何启也对我大发雷霆。我们两家其实是世交，何启的姨母正是我家的姨娘(李鸿章父亲的妾)。她是一位端庄可敬的妇人。暂因何启姐妹、母亲与士绅之家的交谊，我隐忍不发，没有和他多计较。不过，眼见这位故交与同窗把我的良言当做粪土，自己高呼爱烟土胜过好读"四书五经"，我很悲哀。何启虽非天资卓越之人，但毕竟也曾是一个大好儿郎。他何以自将头颅断送入鸦片之虎口，却置性命于不顾？"

"后来(李鸿章没有署日期)——何启的父亲死了，毙命于烟土之中。完全是这种洋人的药物杀死了他。有人能够证明，他是因吸食了太多而死。他的那些同僚们不再以他为然，他的家资皆败落于高利贷人之手。而何启本人，也就不能再在他家的故宅住了，沿街乞讨，以乞丐的身份沦落风尘。何启双目尽盲，虽然比我还要小几岁，但已经是老态龙钟，殊为可怖。昨天，我在街上走着，经过了他的身畔，他已经完全不知我是谁了。悲哀啊，用不了多久，我坚信他必将跟随着他的父亲一样死去。"

许多年后，当李鸿章在南京指挥"常胜军"时，他如是写道：

"我见到这样伟大悠久的城市里，到处可以见到鸦片壅塞。百千之人一连多少天缺乏粮食断炊，食不可果腹。但鸦片的供应一日没有中断。因此，即便有战乱频仍，城中人仍可醉生梦死，而浑不知其所终。

所以，我断令程将军，不论何种口实，所有人倘做与鸦片相关的事宜，凡是持有、吸食、购买、贩卖鸦片或牟利其中的，若查属实，当即斩首，格杀勿论！”

“我刚刚授命他，草莽的程将军便与戈登将军起争执。我经常禁止程将军招惹这位英国人，所以痛斥了程将军。他怀着满心不快，灰头土脸而去，落实我所交办的各项事务。今天早上，他来报告说，已经处死吸食者及贩毒者一千二百余人。干得好，它提升了程将军在我心目中的地位。”

“我决定力行此事而不懈怠，而绝不顾及英国绅士们的想法。我曾经说过，鸦片输入中国主要应该归罪于英国人。我对此坚认不疑。在山东时，我适时下令将一名英国海军少校处死。因为他在我眼皮底下，把鸦片卖给我们的军官，而他自己本人却并不吸食它。”

“戈登将军暴跳如雷，根本不等我写信给他解释。我告诉他，如果发现个别下等的英国人乐于参与鸦片交易不用大惊小怪。但是他反驳道，当鸦片被送到上百万的中国人面前，没有一个不肯接受。我不认同他的说法，并坦率地告诉了他。但是我们没有必要一再提及这个争执，因为他和我一样憎恨鸦片。正因了解到这一点，我警告程将军不要去招惹他，免得伤害他那敏感的民族自豪心。”

“曾国藩总督在年轻时曾经抽过大烟，仅仅很浅的尝试。他的意志坚定得完美，很快戒断了自己的烟瘾。我很难相信在巨大的诱惑面前，他会和其他人一样成为这种陋习的牺牲品。如果我所记录无误的话，他告诉我他年轻时的学者生涯中吸食过鸦片。他觉得这个异国可咒的毒物吸起来感觉很好，但是他对理学的热爱将他从毁灭中拯救了出来。是的，我相信那是曾国藩老师亲口告诉我的，而且我一听就记住了。当他发觉自己正慢慢丧失解决天文和理学问题的能力，他决定永远再不沾染这种毒品。”

“1893 年，天津总督衙门——一家伦敦的报纸发表了一份声明，翻译件中写道，我在其中回答了乔治·纳撒尼尔·寇松勋爵的一些问题，说我和大多数中国人不同，认为大英帝国不必为鸦片流入中国而负责。”

“首先，我从未发表过如此的谰言和断论。其次，我坚信寇松先生也绝没有说过我讲过类似的话。第三点，我坚信无论是东方还是英国的明智之士，都会一目了然，要不是大英帝国，就不会存在这样可耻的事实，促使鸦片大量地输入到中国，今天也不会有用于非法目的的鸦片在中国出售。我重申，非法目的是指合法医用之外的用途。”

“也许，我的措辞听起来过于强硬。但英国的这种行为必将受到最强烈的谴责和非议。不管如何，整个东方贸易史都将证实我所说的一切。”

“我有很多优秀的英国朋友。直到今天，这个民族中还有很多人是我的密友：公使、领事、文官、武将、工程师和好几百位的商人。这些人知道我非常尊重他们和他们的民族。同时，还有他们尊贵的女王陛下。但他们的政府不仅是邪恶的鸦片贸易的代理者，也是维护者。我对之深恶痛绝。”

“我知道正因为万恶的金钱和中英贸易中存在着的强买强卖，几百万不幸的中国人变得更为不幸。强壮的男人和女人沦变得更加贫穷，流浪和最低级的罪犯。数十万体弱的中国人，几乎全是羸弱的妇女，走上了自杀的道路。”

“所有这一切或许能够导致印度更加繁荣!”

“所有这一切行为，能保证英国在中国港口的贸易更加繁荣!”

“这些都是因为，在英国政府的眼睛里，黄金和领土比任何一个贫弱人民的权力和身体更为重要。”

“是啊！是啊！是啊！我们中国人走在英国的大街上，到处被人嘲笑。他们说我们是‘猪尾巴的东方鸦片鬼’。年复一年，就是这些伦敦人的政府夺去了中国各地几百万人的生命。”

“一个英国海军司令官曾经问过我，中国有多少人吸食鸦片。我没有直接回答他，而是问他英国有多少人口。他告诉我说大概两千七百万人。我说这几乎就是全中国瘾君子的数量。”

“他说他没有弄懂我的意思。”

“我随之告诉他，他的国家若允许这种罪恶的贸易一天，每一个英国的男人、女人和小孩都代表着一个可怜中国人的冤魂。”

“写这个故事时，我经常停下笔来计算我们伟大的帝国在鸦片贸易中遭受的不幸。每次我所计算得出的数据都在准确无误地告诉我大约十分之一的大清子民正遭受着不幸。这在全世界而言，都是独一无二的。我多么希望这个统计数据能够缩小一点。但事实上，在鸦片灾害泛滥的云南和四川，我的估算实在是太低了，而非太高了。”

“不要妄断我对鸦片的历史一无所知，才宣称是英国或者其他西方国家应该对输入中国这种可咒的毒品负责。早在鸦片战争之前的二百年，它就已经被从爪哇输入中国了。它逐渐在台湾海峡沿岸扎下了根，种满了鸦片。康熙皇帝曾经派出一名官员去台湾岛负责调查这种灾难。结果那位官员死在了那里。后来也有其他人去过，也随之沉迷于毒瘾，最终死在了那里。不久前，一些商人和旅行者，穿越印度和中东的穆斯林国家，把它引进了中国的西部省份。最后，这种毒品被当做向王公贵族进贡的礼物献给了高层。”

“我充分见证了这种陋习是如何在中国蔓延开来的。因为当我还是一个青年士子的时候，我就见证了它的暴虐。我很困惑，它们何以这样无所不至，无所不往。我记得自己有位很知心的同窗好友（他的名字，我现在已记不清了）成为了一个瘾君子，并离家出走，最后被官方下令用乱石砸死。因为他的烟瘾发作，已经完全丧失了理智和体统。”

“是的，在我的有生之年，在学校，在军队，在经商和政坛中，在战乱和饥荒的年月里，通过不懈的研究，我越来越深地认识到这种罪恶的深重，并坚持不懈地打击它。我相信，你对它了解越多，越觉得英格兰罪孽深重。骄傲强大富足的英国，拥有庞大陆军、海军和伟人的英格兰，应该为它在印度种植的罂粟所犯下的罪恶感到耻辱，而被谴责！”

“一些人在不同的场合,很多次当着我的面提起过。他们说我尽管在表面上反对这种贸易,但我个人却亲自或者通过代理者也参与到了毒品经营。我在自己的土地,或者在租给别人的湖北和直隶的土地上耕种鸦片。我从来没有否认过这些事实的论断。在此,我必须承认,上述的说法是正确的。我打算写一份文章给在北京的《泰晤士报》的记者,并抄写一份,寄给尊敬的寇松先生。”

“但是为了保全我的荣誉,对得起我的良心,我要声明,我从鸦片生意中赚取的每一分利润都没有用于吸食目的。而极少量不慎流失,吸食的鸦片不能作为我处理这些事情的依据。我将让我的秘书准备一份名单,如果有必要,我将列出一个可以与之进行合法贸易的药物公司和商务代表的名单。显而易见,他们在中国、日本和俄罗斯都有着良好的医药声誉,没有做过任何违法的事情。而且毫无例外,他们都和我本人一样,强烈反对吸食和贩卖鸦片。我敢肯定,就我经营的商品的价格和等级来看,只有极少数可以制成毒品。至于我出租的农田,我坦诚地说,租约上并不好注明同意或者反对种植罂粟。但是只要是发现我的土地上种上了这种植物,出于纯粹的商业目的,我总是尽力收购原产品。”

“我们也可以从另外一个角度来看问题。在很多场合,中国政府会直截了当地被一些外国政府诘问:‘既然你们认为向中国输入鸦片并泛滥成灾是如此重要,为什么你们不颁布法律,禁止在你们的领土上种植罂粟呢?’朝廷总是这样回答:‘既然我们仍然被迫向来自印度的毒品开放港口,这么做又有什么用呢?’”

“有哪一个国家政府向另一国政府提出的问题比之更为荒唐可笑,又有哪一个国家政府的答复更能切中肯綮呢?”

“我知道,二十多年来,保守党政府曾经多次敦促我们颁布最严厉的法令,禁止在大清国范围内种植罂粟。对于我们,他们不是反对吸食鸦片,而是反对栽种可以从中提取药物的植物!”

“此外,我还知道,因为腐败的存在,大量的钱流入到政府高官的口袋里。促动他们去敦促政府颁布此项法令。"

"这种做法的目的到底为什么?"

"人千万不能揣着明白当糊涂。这样,他的智商还比不上一只失明的癞蛤蟆!"

"在富有的印度人的支持下,强盛的大英帝国正凭借外交和军事的优势,从数百万计的中国人身上吸取膏血。他们从精神到肉体都逐步地退化,却依然在耗尽我们国家的最后一滴精血。最后留下那些无助的愚民,被印度种植罂粟的农夫继续愚弄。"

"我和那些公开或秘密反对西方教会在中国发展的国人不同。从年轻时开始,我就欢迎西方来的传教士、商人或者工程师。我希望能始终保持我的这一态度。因为我真诚地相信,只要不用牺牲它崇高的美德和高贵的品质,不用忽视自己辉煌的哲学和优美的文学,不轻视圣人和使人们一代又一代赠予她的无价礼物。中国越早被西方唤醒它庞大的身躯越好。及早地为中国注入力量,进入到时代的潮流当中,老百姓的生活上升到一个新的品质上。"

"但是所有的西方基督教徒们必须要了解,由于鸦片的流毒,中国人民遭受着深重的苦难,经济停滞不前,基督教在中国传播的速度明显减缓了。我们的人民,官员和差役,富人和穷人,学者和白丁,任何人都清楚,年复一年,日复一日,基督教文明的侵略者们正在把最黑暗最致命的病毒注入中国的肌体。他们会作何感想?饱读诗书和有权力的人们都不会去皈依西方的教会。他们也不会因为鸦片变得贫穷或者锒铛入狱。但是他们周围充斥着这样可怜的人们:被鸦片毒害的人变得奴颜婢膝,政府把这些瘾君子投入监狱,执行死刑。那些可怜的罪犯,让妻子孤苦伶仃,饥寒交迫,最终倒毙在荒野郊外。当他们渐渐知道,这就是一个基督教大国所给予大清帝国的所有灾难与困苦,他们会作何感想呢?"

从李鸿章有关鸦片的诗作中,我们可以体会到他那种悲愤交加的心情。以下附录是他的诗作:

ODE TO THE POPPY

(Date of writing unknown)

Who would think to look upon you,
Nodding sweetly in the fields,
That the scented heart within you
Our soul's vilest passion yields?
Who would think to see your verdure,
In the Springtime lovely green,
That the garment nature gives you
Clothes such wickedness and spleen?
Who would think to note your sprouting
As a nurtured, tender child,
That the blood that ran within you
Carried visions fiendish wild?
Who would think to see your bowing
To the soothing winds of Spring,
That you sheltered in your bosom
Every bitterness and sting?
Who would think to see you pluming,
Like the peacock vain and proud,
That beneath your gorgeous feathers
Is a note discordant, loud?
Who would think that in the June-time,
When in myriads o'er the plain.
You do look your brightest, sweetest,
That your smile was hidden pain?
Who would think that we who plant you,

And who love to watch you grow,
Hate you, curse you, trample on you,
When you bring us heart-deep woe?
Who would think that tender flower,
Watched by children of the land.
Should return the fond love given
By a stroke of foulest hand?
Who would think that in our garden,
Where our eyes may ever see,
In disguise would grow a hell-weed,
Deadly in its misery?
Who would think that in our day-dreams
Of a home all undefiled
We should rear—O heaven spare us! —
Such, in truth, a demon child?

译文：

鸦片咒

奇香荡于野，碧绿行满春。
天工赐美服，谁赠邪不分？
参差徒高原，忽如稚子生。
娇藏熙风怀，孔雀振羽声。
六月遍盈地，结果甘如饴。
谈笑匿奇毒，杀人遁无迹。
天下九咒草，人间阿鼻花，
孰知断白梦，遂令家国殇。

THE SHAME OF GREAT ENGLAND

(Wriilen in 1881)

Great England says she rules the widest sea
In might and right and white man's liberty.
Her armoured ships and regiments of war
Span seas and lands' neath many skies afar.
She sends her learned sons (in Western ways well-taught).
Where'er her flag has been, her sons have fought;
And vast the good these Church and school men do—
If all Great England claims for them is true.
But has Great England in her lordly boast
Surveyed her pirate traders on our coast?
Or has she, while aloft her pride has tossed.
Vouchsafed one thought to what her fame has cost?
Her traders, sailing here from India's strand
In quest of gold and measures great of land,
Have brought within their greedy hands no good,—
But vessels large for China's ebbing blood!
Shame! shame! upon Great England of the West,
Upon her bristhng guns and all the rest,
For know we not that in this grand array
Is sceptre grim to lure our souls away?
Not as a friend comes England to our shore,
But with a cry for blood and gold, and more:
The lives of countless thousands, steeped deep
In her vile drug, in shameful homage creep.

译文：

英伦耻

赫赫英伦廓无疆，兵甲陈临威四方。
旌旗猎猎教化兴，礼仪上国应堂堂。
何人敢询海多匪，翻行远东如虬龙。
先盗印度后华夏，吞金吸血不肯松。
我云英伦耻辱深，只把刀枪作荣光。
输鸩运毒焚人膏，断尽金血向衰亡。

TO ALL WHO WILL LISTEN

(An early composition)

To all who will listen I would warning give
Against the vile poppy juice.
But if you will not heed
Upon your own heads will fall calamity;
For in all the Middle Kingdom,
Even from the Yellow on the North
To the Pearl on the South,
And along the banks of the Great River
Back to the granite mountains of the West,
There is no evil such as this.
In the fields we see the poppy growing,
And the great fields are sights of gladness,
For the eye is pleased with the flowers,
And the scent is sweet to the nostrils,
And the birds are happy in their homes.
And the ground mice sport and play.
All is so innocent and good.

That we think of the rice and the maize,
And the orchard and the grasslands,
And they do not surpass the poppy.
Yes, and it would be so
If only we might let the flowers
Bloom and die to grow another year.
But men will not let it be so.
For from the flower the poison is drawn
And given to men to take away their minds.
O my brothers and all my friends,
If you would hearken to good advice,
Avoid the poppy juice forever and aye.
For it is a plague most noxious and vile!
It will eat out your minds,
It will rot away your vitals,
It will shrivel up your bowels,
It will make you walk as a leper.
It will cast you into prison,
It will send you to your death!
But not only you, my friend, will be cast down!
No, look about you with clear eyes to-day:
See the misery and ruin it has wrought;
See the human wrecks on every side,
Lower than the swine of the far fields;
See the women bereft of home and all,
Now toiling in the hot sun of the day,
Each day of the long, long year.
That they may buy rice for their babies,

And give food to their own bodies!
Think of the graves of every village.
The graves you cannot see for want of care!
Do some care lightly for the palsied.
Or those whose veins do hold the plague?
Yes, in all hearts there is pity
For all that suffer other ills.
But for the user of the vilesome juice,
The smoker of the demon's pipe.
There is no pity in any heart.
No welcome in e'en the lowest home;
There is no shame too great for him,
No suffering he must not bear alone,
No depths too deep for him to sink into.
He thinks he lives in some sweet heaven,
Yet wakes to find that fearsome hell
Has been his own abode
And e'er will be.

译文：

苦心者说

世之欲听吾言者，罂粟之毒如天坠火。
世之欲信吾言者，荼毒华夏如河决堤。
地无南北皆被邪，隳突东西无幸免。
潜行蛇鼠俱不留，稻米果草咸断根。
更有筋骨断煎熬，何来膏腴能见存？
海内兄弟须谛听，罂粟强梁过瘟疫。
腐汝胸臆蚀汝命，寸寸肝肠为齑粉。

乱汝性灵驱汝死，败家毁屋乱人伦。
君不见，万户惶惶如犬豚。
君不见，百村萧萧添新坟。
妇人流离失其所，孺子孤寡皆不养。
此毒不绝永无宁，何报仁者感疾苦！

（全书完）

译后记

一部奇书的是是非非

韩利利

刚刚接手翻译这部著作的时候，我并不认为这部由美国人所写的《李鸿章回忆录》有什么奇异的地方。可能是我先前对晚清历史与人物了解甚少的缘故。只是暗自猜测，这个美国记者威廉·弗朗西斯·曼尼克斯真的很厉害，居然能透过号称世界第一难语言——中文(且还是文言文)的藩篱，整理出这么有意思的一部《李鸿章回忆录》。

待我查看了若干的资料之后，我的看法改变了，大为惊讶，这部看似很平常的英文著作里，居然蕴藏着一个巨大的奇闻：

原书的作者曼尼克斯，是一位资深的美国新闻记者，像任何一位热情好动的美国公民一样。他有写作的才华，也不甘于平庸，早年曾经参军，当过战地记者，参加过古巴战争。因为在战地表现得勇敢、卓越，在美国，他甚至还一度和另外一位赫赫有名的战地记者——海明威齐名。

就是这样一个非常典型的美国记者，浑身上下充满了不安分的气息。1900 年，他作为美国第九步兵团的一名普通士兵，随部队参加了八国联军的行动，在中国只待了短短的几个月。1901 年 4 月，退了伍的曼尼克思回到了美国。之后，再也没有去过中国，也没有跟中国人发生过任何亲密接触。

然而，曼尼克思非常短暂的中国之行，没有触动他研究中国的兴趣，更与李鸿章似乎搭不上边。退了伍之后，他暂时没有稳定的工作，在西海岸旧金山等城市四处漂泊。直到 1911 年 11 月，他跑到了夏威夷的檀香山，在本地的一家《广告者报》里担任新闻记者，才算稳定了下来。

在檀香山的生活压力要比在北美大陆轻松很多，曼尼克斯租了一座小别墅，过起了安静舒适的生活。但不久，生性好动、桀骜不驯的曼尼克思和报社老板关系搞僵了，一怒之下辞职了事，并开始了酗酒。愤愤不平的曼尼克斯在困顿中，冒用老板的名义给自己开了小额的支票。被查出真相之后，银行报了警。曼尼克思锒铛入狱，被判了一年监禁。

监狱好歹也能解决后顾之忧，曼尼克斯就利用蹲监狱的一年光阴，开始写作这部《李鸿章回忆录》。那时候，由于殖民扩张，欧美主要国家掀起了一股又一股的东方热潮，市面上最畅销的书，不是西方的经典，而是介绍东方的各种书籍。看准时机的曼尼克斯，就请朋友们给他从狱外借来大量有关中国和日本的书籍，准备大干一场。

由于曼尼克斯毕竟是位大名鼎鼎的作家，监狱方也很关照他，专门给他配了一张书桌，夏威夷的总督给他送来了一台旧打字机。曼尼克斯就在牢房里，号称掌握着独一无二的资料，创作了这部《李鸿章回忆录》。

他一边写作，一边投稿，很多报刊杂志都刊登了他“整理”的这份回忆录。纽约、伦敦两地的报纸争相刊登和转载，给予了作者高额的稿费。曼尼克斯也赚得盆满钵满，没有一个在押犯人有他这般风光的。这部“回忆录”的推出，也激起了美国的新一轮的“李鸿章热”。人们争相通过这部书，议论这位已经死去足足有十多年的中国晚清大臣。

曼尼克斯本人也深受其益，除了挣到一些稿费之外，还因此被减了几个月的刑期。出狱后，他在夏威夷风景秀丽的谷地买了一栋房子，乐滋滋地安享自己奋斗的成果。这部书的书稿，在纽约和伦敦报纸上刊载，也引起了出版界的注意。很快就有一家以严谨著称的出版社找到了曼尼克斯本人，要求出版这部著作。曼尼克斯便重新整理了自己的各篇文字，并编写了这部书前面的那段原作者前言。

他言之凿凿地宣称，这部书是通过李鸿章的子侄们获得了他遗留的日记和文稿，并邀请到李鸿章的英文秘书，以及他的幕僚和仆人协助，才得以翻译成英文并编纂问世的。出于学术的谨慎起见，出版社还特意将书稿送给这部回忆录所提及的当事人，曾任李鸿章谈判顾问的前国务卿科士达审阅。科士达认真地审阅了书稿，最终确定作者所撰的文稿毫无问题。为此，他还欣然为本书提笔作序，对李鸿章大加赞美。

1913 年，这部由科士达作序的《李鸿章回忆录》成书出版后，其热销程度更如火上浇油。美国上下纷纷传阅，讨论李鸿章和中国文化，很快，这部书就达到了第八次印刷。曼尼克斯本人也大赚一笔，并用挣来的钱，成立了一家“太平洋联合通讯社”，向美国各大报刊推销自己的新闻服务。为了节约成本，曼尼克斯煞有其事地为通讯社虚构了社长、理事、特派记者、财务总监等人。不过，由于曼尼克斯经营得太随意，他的生意毫无进展。最终，他不得不关闭通讯社。

然而，这部书巨大的影响力还是引来了专业学者们的注意，其中包括在中国生活多年的美国使领馆人员。他们通过公开的资料发现，这个“回忆录”里李鸿章自叙的很多细节，与历史事实并不符合。为此，出版社不得不致信曼尼克斯本人求解。心虚的曼尼克斯为了逃避追问，又虚构出一个自己的经纪人“莱昂纳多”出来回复争论。这位经纪人“莱昂纳多”称曼尼克斯先生正埋头整理回忆录的第二卷，无暇与学界争辩。

在出版社不断催促之下，这位“莱昂纳多”又宣称，曼尼克斯手中持有李鸿章家族的证明，中国政府允许他查阅文件和档案的批文以及中国文化主管的嘉奖信。这位吹牛大王更大言不惭地宣称，时任中华民国总统的袁世凯，也非常喜欢这本书，百读不厌，要给曼尼克斯授勋。为了证明自己的正确，曼尼克斯甚至愿意拿出五千美元，跟质疑者打赌。

由于曼尼克斯太过于花样百出，加之之前他那些不良的信用记录，出版社更加怀疑他。他们开始多方打探曼尼克斯所撰写的这部书的真伪。为之，他们甚至通过线人，打探到了李鸿章之子——李经迈。这位线人，正是李经迈的英文老师。在回复老师的信中，李经迈说他父亲并没有记日记的习惯，身边也没有诸如英文秘书罗伯特、幕僚王秀才这些人，他本人既没接待过曼尼克斯，也没有听说中国政府何时批准过这位曼尼克斯大人查阅档案资料。他毫不怀疑，这一整本书都是伪造的。

出版社的质疑，令曼尼克斯招架不住。他又通过自己监狱中的狱友宣称，是自己一个研究中国问题的专家哥哥“约瑟夫”给自己提供了资料。这位约瑟夫甚至还发表一系列有关李鸿章的论文。出版社急忙查阅最近多年的人文类期刊杂志，发现并没有一位叫“约瑟夫”的发表过一篇有关于李鸿章论文。显然，这位“约瑟夫哥哥”也是曼尼克斯杜撰出来的。

于是，质疑的呼声更高了。学界联想到李鸿章曾有一位英文秘书，是美国人威廉·毕德格(William. Pethick)。这位毕德格跟随了李鸿章二十多年，保存了李鸿章大量的官方和私人文件。据说，装了整整一大箱。1902 年，他因病去世后，这些文件在战乱的中国神秘失踪了。这些文件，会不会被曼尼克斯盗取了呢？大家查到曼尼克斯在军队服役的记录，发现他 1901 年 4 月退伍后就回到了美国。而毕德格在中国，两人生活也并无交集。显然，曼尼克斯的资料来源并不在他宣称的那些“秘密手稿”当中。

曼尼克斯在书中号称他在华期间见过李鸿章的面，采访过李本人。然而，作为八国联军的海军陆战队员，在中国期间，他的部队正与清军交战，能采访到李鸿章殊为不易。出版社查考到他的行军档案，也未曾发现任何他能与李鸿章见上一面的记录，没有查到他在那段时间所写的采访李鸿章的报道。

最终，出版社查到了曼尼克斯在监狱中向各大图书馆所借阅的图书。他们发现，他所有的资料都取自这些图书(甚至连错误都一致的)。

他所做的，不过是模拟了李鸿章的口吻，把这些资料陈述出来，形成回忆录风格的著作。为此，出版社重新出版了该书，并加上了长达几十页的考证记录，让曼尼克斯的名声扫地。

曼尼克斯因为他的造假行为而付出了惨重代价。这位曾经一度和海明威齐名，颇有才华和巨大潜力的作家，成了新闻界和文化界人尽皆知的骗子，声名狼藉。报社、出版社都不敢再用他的稿子。他在美国西海岸默默无闻且郁郁寡欢地度过了生命中最后的光阴。

在翻译此书的过程中，陶林和我对书中所涉的历史事实进行严格比照，很容易就发现曼尼克斯在虚构与编造：书中，“李鸿章”的叙述热情洋溢，完全没有一个中国科举士子和权臣的中庸平和之感觉。所涉的历史事实，在大方向上没有错误，而在细节上，反而有欲盖弥彰之感。

可作者的失败，并不影响这部极富传奇色彩的伪书进一步畅销不衰。时至今日，它依然带着这段貌似匪夷所思的传奇，流传在历史传记类图书的畅销书架上，不能不说是一段趣闻。尽管近年来，不断有专家“揭批”这部虚构之作，很多粗心的历史学者，甚至依然把它作为信史采用。

这恐怕更因为它毕竟差不离地描绘了李鸿章的一生，向美国读者展示出了一个乐观、自信和忧国忧民的中国政治家、外交家的正面形象，传播了“正能量”。另外一点，恐怕还在于曼尼克斯自己的小聪明，他不吝借“李鸿章”之口，对美国与美国国民的友善、真诚与热情大加褒奖。这自然让美国读者心花怒发，喜闻乐见。也正因为此，我们才乐于将这部书翻译给中国的读者阅读，或许，更能加强中美两国公民之间心灵的沟通，让大家领会到这种大洋彼岸流传的热情与善意。

这部书的翻译，我们采用的是美国佛吉尼亚大学馆藏的豪斯顿·密夫林出版社 1913 年第一次出版的原版书。我们严格遵照原文进行翻译，尽最大的可能接近原书的原貌。为了帮助大家更全面地了解真实的李鸿章，我们特意在附录中选编了李鸿章的年谱、史传、评价与诗歌作品。由于译者学识有限，疏漏难免，期待着您的批评与指正。

附　录

李鸿章年谱

1801 年，李鸿章之父李文安生于安徽庐州府合肥县。1834 年，李文安乡试中举。1838 年考中进士，使李氏家族在合肥成为望族。榜名李文玕。历任刑部主事，历官员外郎、督捕司郎中，记名御史。李文安与曾国藩同年登科，并令其子李瀚章、李鸿章拜曾国藩为师。

1821 年，大哥李瀚章出生。李瀚章后入幕湘军，办理军饷后勤事务颇有建树，深得曾国藩的认可。后，李瀚章官至湖广总督。

1823 年，李鸿章出生。其本名章桐，字渐甫或子黻，典出《周易·渐卦》"鸿渐于陆"，号少荃（泉），后世人多尊称李中堂，李傅相，亦称李合肥，被西方人称为"东方的俾斯麦"。

1825 年，三弟李蕴章出生，一生追随李瀚章，办理军饷，税务厘金，以后身残废，居家不出。

1829 年，四弟李鹤章出生，同治三年，捐赠黄马褂，授甘肃甘凉道。子李经义：官至云贵总督。子李经馥：娶曾氏系曾国藩次子曾纪泽之女。其子李国芝娶清末政治家、二品工部左侍郎、企业家盛宣怀孙女盛毓菊。

1833 年，五弟李凤章出生，其为李家首富，经营矿务、轮船、纺织等多种产业。

1835 年，六弟李昭庆出生。李昭庆入仕后，累擢至记名盐运使。长子：李经榘，候选知州，候补知府，赏戴花翎，赏给一品封典，1895 年诰授光禄大夫，娶首任英国公使郭嵩焘之女。次子：李经叙，上海制造局会办，金陵制造局总办，1897 年随驻美大臣至美，以二等参赞驻秘鲁，代办出使大臣事务。其子李国源娶皖系军阀、北洋政府国务院总理、中华民国临时执政段祺瑞长女段式萱。

1828 年，李鸿章进入李文安所办的家馆棣华书屋学习。他少年聪慧，先后拜堂伯李仿仙和合肥名士徐子苓为师，攻读经史，打下扎实的学问功底。

1843 年，李鸿章在庐州府学被选为优贡。时任京官的父亲望子成龙，函催鸿章入北京，准备来年顺天府的乡试。鸿章谨遵父命，毅然北上，并作《入都》诗十首，以抒发胸怀。

其一云：丈夫只手把吴钩，意气高于百尺楼。一万年来谁著史，三千里外欲封侯。定将捷足随途骥，哪有闲情逐水鸥？遥指芦沟桥畔月，几人从此到瀛洲？

其中“一万年来谁著史，三千里外欲封侯”成为一时之名句。

1844 年，李鸿章乡试，第一次科考落榜，住京曾国藩宅邸受曾补习教导；1847 年，二十四岁的李鸿章考中进士，选入翰林院任庶吉士。同时，受业曾国藩门下，讲求经世之学。三年后翰林院散馆，获留馆任翰林院编修之职。

1851 年，李鸿章任武英殿纂修，国史馆协修。

1853 年，李鸿章受命回乡办理团练，多次领兵与太平军作战，互有胜负；李鹤章随兄从军。年底，李文安也奉命回乡募勇防剿太平军。

1855 年，李文安卒于合肥军中，年五十五岁。李昭庆的长子李经方生，后过继给李鸿章做嗣子。

1858 年，太平军再次攻占庐州，焚毁了李鸿章祖宅。是年冬，李鸿章赴江西，入曾国藩幕僚，襄办军务。

1860 年，统带淮扬水师。湘军占领安庆后，被曾国藩奏荐“才可大用”，并把他和门下同时中进士的郭嵩焘、陈鼐、帅远铎等一起，称为“丁未四君子”。是年，他受命回合肥一带募勇。

1861年，李鸿章奉命开始组建淮军。

1862年，李鸿章得以编成淮勇五营。曾国藩以上海系“筹饷膏腴之地”，命淮勇乘英国轮船抵达上海，自成一军，称为淮军。旋经曾国藩推荐任江苏巡抚。

1863年，李鸿章在江苏大力扩军，采用西方新式枪炮，使淮军在两年内由六千多人增至六七万人，成为清军中装备精良、战斗力较强的一支地方武装（后来的淮系军阀集团在此基础上逐渐形成）。李鸿章到上海后，同外国雇佣军（后组建为常胜军）进攻太平军。

1863年和1864年，率淮军攻陷苏州、常州等地。淮军攻克苏州后，李鸿章设计杀掉了八名降王以及大量降兵，被授太子少保，并赏穿黄马褂。

1864年，曾国藩军攻克南京，标志着历时十四年的太平天国运动结束。清廷封李鸿章为一等伯爵，赏戴双眼花翎。是年，李经述生。

1865年，李鸿章出任两江总督。奏请创办江南制造总局，此为清朝最大的军工企业，标志着洋务运动的开始。

1866年，因剿捻“师老无功”，李鸿章替代曾国藩担任受命钦差大臣，专办剿捻事宜。

1867年，朝廷调李鸿章出任湖广总督，仍在军中办理剿捻。调李瀚章为江苏巡抚，代理湖广总督。

1868年，捻军完全被镇压。李鸿章被赏加太子太保，并以湖广总督协办大学士。不久，奉命入川调查四川总督吴棠被参案。

1870年，奉旨督办贵州军务，镇压苗民起义。尚未成行，复以甘肃回民起义军入陕，清廷因左宗棠远在平凉不及兼顾，又改命援陕。但李鸿章实在不愿与宿怨很深的左宗棠共事，故一再拖延，直至六月下旬才抵西安。

七天后，因天津发生教案，列强军舰麇集大沽口，奉密谕“酌带各军克日起程赴近畿一带相机驻扎”，匆匆赶赴直隶，担任直隶总督兼北洋通商事务大臣，成为洋务派首领，遂一举成为同治、光绪两朝的地方重臣。自此，他长期担任直隶总督兼北洋通商事务大臣，坐镇北方最大的通商口岸天津，既积极筹划北方防务，戍卫京级，又进一步拓展洋务，以增加财赋收入。

1871年，受容闳的建议，李鸿章、曾国藩联名致函朝廷，奏请选派聪颖子弟赴美留学，此为中国官派留学生之始。

1872年，李鸿章创办近代最大的企业——轮船招商局，先以朱其昂为总办，后以唐廷枢为总办，徐润、朱其昂、盛宣怀为会办，由此奠定了"官督商办"政策的基调。是年，其六弟李昭庆卒于天津。

1874年，李鸿章被授予文华殿大学士。通过轮船招商局的成功，大力举办近代军工企业和民用企业，先后创办江南制造局、开平煤矿、漠河金矿、天津电报局、津榆铁路、上海机器织布局。还建立京师同文馆，选派留学生出洋。

他办洋务首办军工企业，造出大量的枪炮、弹药、机器、舰船和水雷，由于直接改善了淮军的武器装备。使淮军成为清军中装备精良、战斗力较强的军事力量，后期淮军成为了清廷实际上的国防军。

1875年，李鸿章负责督办北洋海防事宜。自此，李鸿章苦心孤诣，渐渐为中国编练成一支当时堪称亚洲一流、世界第六强的海军舰队，海军公所选址在山东刘公岛安营扎寨。

1879年，美国前总统格兰特将军抵天津，特意访晤李鸿章。

1880年，四弟李鹤章卒于合肥。

1884年，中法战争爆发。翰林院编修梁鼎芬以李鸿章有"六可杀"之罪，要求弹劾李鸿章，朝廷认为其莠言乱政，将其革职。

1885年，因1884年朝鲜爆发"甲申事变"，对朝鲜时存觊觎之心的日本乘机出兵，李鸿章与伊藤博文签订《中日天津条约》。规定朝鲜若有重大事变，中日双方出兵需要事先知照。是一个双方平等互惠的条约，但李鸿章从签约过程日本人的姿态中，看出日本"日后必为中国肘腋之患"。这个条约，为甲午战争爆发结下祸胎。

是年，中法战争结束，与法使签订《中法新约》。通过此约，法国取得了对越南的"保护权"，中越边境对法国开放等特权。因此，时称"法国不胜而胜，中国不败而败"。

1886 年，三弟李蕴章卒于合肥。

1888 年，北洋海军正式成立。这支北洋舰队拥有各种军舰 25 艘，42000 吨位，以大沽港、旅顺港、威海卫港形成三角，形成拱卫京城海上门户。

1890 年，五弟李凤章卒于芜湖。

1892 年，李鸿章七十寿辰，慈禧、光绪赐以厚礼。

1894 年，甲午战争爆发，中日海军黄海大战，北洋舰队大败于大东沟。是年，孙中山从北美回到广东省香山家中潜居。他在自家书房里起草书稿，与友人陆皓东研讨，一连写作了十多天，完成《上李鸿章书》，书中除变法改良外，有力劝李拥兵自立之意。后孙中山经过一番思考，到上海，请当时格致书院院长王韬润色。最终，经由郑观应等人的介绍，孙中山和陆皓东由上海到天津，于 6 月中，将上书递交到了当时李鸿章的得意幕僚盛宣怀手中。李鸿章见书与否，不得而知。由于未得李之回复，失望的孙中山离开中国到美国夏威夷成立了兴中会。

1895 年，李鸿章率李经方、罗丰禄、马建忠、伍廷芳等人赴日本春帆楼议和，与日方首相伊藤博文、外相陆奥宗光谈判。在交涉期间，他遇日本浪人所刺，面颊负伤。最后，签订《中日马关条约》，割让台湾、澎湖及辽东半岛并赔偿二万万两白银。李鸿章因此也替清政府背负上了卖国的骂名。

据说他在签字前的最后关头，曾经老泪纵横地对使团的美国顾问科士达说："万一谈判不成，只有迁都陕西，和日本长期作战，日本必不能征服中国，中国可以抵抗到无尽期。日本最后必败求和。"

1896 年，李鸿章奉命出使俄、德、英、法、美等各国，子李经方、李经述以及罗丰禄等人随行。

此行，是他作为中国特使，应邀赴俄参加沙皇尼古拉二世加冕典礼，并顺访欧美诸国。李鸿章“以七十有四之衰龄，涉三万余里之海路”使俄，其主观愿望是联俄并促使俄、德、法三国挟迫日本放弃对我辽东半岛的占领。他在俄国拜会了新沙皇并草签了《中俄密约》，然后到德国、荷兰、比利时、法国、英国、美国和加拿大巡访，并向部分国家的元首递呈国书。

李鸿章此番出访欧美，造成了西方的一阵“李鸿章旋风”。欧洲的报纸把李鸿章与俾斯麦、英国首相格兰斯顿并称“当今天下三大佬”。在美国纽约，更是出现了万人空巷的迎接场面。李鸿章塑造了当时中国开明的、上升、强悍的国际形象。

1897 年，李鸿章因国际声誉太隆，又因甲午战败的指责，而被猜忌心重的慈禧太后剥夺爵位，赋闲京师，在总署行走，居贤良寺。期间，维新派声势日益增大，李鸿章对之多有关注。

1898 年，李鸿章奉命勘查山东黄河工程。时值戊戌变法前后，李鸿章已意识到“穷则变，变则通，但端在人心相通”。但他却举棋不定，不敢公开支持维新派。当光绪帝下诏“明定国是”时，他曾向管学大臣孙家鼐推荐康有为为京师大学堂总教习。“后党”图谋加害康有为时，李鸿章暗地向康有为通风报信。当慈禧完全占了上风，光绪帝被软禁后，李鸿章又由徘徊观望到缄口不言。

1899 年，大哥李瀚章卒于合肥。年底，一直赋闲无事的李鸿章，被调任两广总督。

1900 年，北京庚子事变爆发。义和团运动兴起，清廷贸然向八国宣战，英、法等国组成八国联军进行干涉。慈禧携光绪逃至西安，北方局势一片混乱。

年初，李鸿章离京赴广州接任两广总督。就在李鸿章出任粤督期间，东南地区的实力派疆臣如两江总督刘坤一、湖广总督张之洞等，则在盛宣怀联络下，倡导东南互保，不卷入清廷这次对外宣战，以保东南半壁江山不陷入混乱中。李鸿章对此表示支持。据传，东南总督密约，一旦“两宫遇难”，即推举李鸿章为“联省合众国”的大总统。

6月，北京局面逐渐失控，清廷命李鸿章火速进京收拾局面；7月，清廷重新任命李鸿章为直隶总督兼北洋大臣。10月，仓促抵京，与庆亲王一起，与列强谈判，并于次年初在“议和大纲”上签字。国人声讨四起，说：“卖国者秦桧，误国者李鸿章！”

1901年9月7日，代表大清国与十一国政府签订了中国近代史上最著名的不平等条约《辛丑条约》，赔偿白银四亿五千万两，即每个中国人一两。在签字回来后，李鸿章大口吐血——医生诊断为胃血管破裂。

1901年11月7日，吐血不止，致气尽，生命垂危。待逼迫他签字的俄国公使走了之后，身边的人对之哭诉：“还有话要对中堂说，不能就这么走了！”李鸿章的眼睛又睁开了，身边的人对他说：“俄国人说了，中堂走了以后，绝不与中国为难！还有，两宫不久就能抵京了！”李鸿章两目炯炯不瞑，张着口似乎还想说些什么。身边的人再说：“未了之事，我辈可了，请公放心！”李鸿章“目乃瞑”，享年七十八岁。

死后慈禧感念其尽忠，称有“再造玄黄”之功，追赠太傅，晋一等肃毅侯，谥文忠，赐白银五千两治丧。原籍和立功的省份建立祠堂十处。京师祠由地方官员定期祭祀。有清一朝，汉族官员在京师建祠，仅他一人。

李鸿章原配夫人周氏，于1861年病故。继室赵小莲，系太湖望族、进士赵昀之女，1892年病故。另有侧室莫氏，侍妾冬梅。

有子三人：嗣子李经方（是李昭庆长子）；嫡子李经述（赵氏所生），袭一等侯爵；庶子李经迈（莫氏所生）。生女三人：分别嫁给郭恩垕、任德和及张佩纶。

国内外对李鸿章的评价

——英国及美国新闻界对李鸿章最为著名的评价：

“不仅是中国在当代所孕育的最伟大的人物，而且综合各方面的才能来说，他是全世界在上一世纪中最为独特的人物。以文人来说，他是卓越的；以军人来说，他在重要的战役中为国家做出了有价值的服务；以从政三十年的政治家来说，他为这个地球上最古老的人口最繁盛的国家的人民提供了公认的优良设施；以一个外交家来说，他的成就使其成为外交史上名列前茅的人。”

LI HUNG CHANG VISITS HOGAN'S ALLEY.

李鸿章访问国外漫画

——日本政治学者对李鸿章的评价是：

“概而言之，谓李鸿章人物之伟大，事功之崇隆，不如谓其福命之过人也。彼早岁得科第，入词馆，占清贵名誉之地位，际长发之乱，为曾国藩幕僚，任淮军统帅，赖戈登之力以平定江苏，及其平捻也，亦实承曾国藩之遗策，遂成大功，及为直隶总督，分天津教案，正当要挟狼狈之际，忽遇普法战起，法英俄美，皆奔走喘息于西欧大事，而此教案遂销沉于无声无形之间。”

“彼之地位，彼之势力，非悉以侥幸而得之者。彼在支那文武百僚中，确有超卓之眼孔，敏捷之手腕，而非他人之所能及也。彼知西来之大势，识外国之文明，思利用之以自强。”

“中日之役是彼一生命运之转潮也。彼果自初蓄意以主战乎？不能深知之。但观其当事机将决裂之际，忽与俄使喀希尼商，请其干涉弭兵，则其始之派兵于朝鲜，或欲用威胁手段，不战而屈日本，亦未可知。大抵彼自视过高，视中国过大，而料敌情颇有不审者，彼盖未知东亚局面之大势。算有遗策，不能为讳也。一言蔽之，则中日之役，实彼平生之孤注一掷也。而此一掷不中，遂至积年之劳绩声名，扫地几尽。”

李鸿章在中国第一条铁路的通车仪式上

“彼之末路，萧条甚矣。彼之前半生，甚亲英国，其后半生，最亲俄国，故英人目彼为鬻身于俄廷。……彼自退出总理衙门后，或任治河而远出于山东，或任商务而僻驻于两广，直至义和团事起，乃复任直隶总督，与庆王同任议和全权，事方定而溘然长逝，此实可称悲惨之末路，而不可谓耻辱之末路也。何也？彼其雄心，至死未消磨尽也。”

“使彼而卒于中日战事以前，则彼为十九世纪之一伟人，作世界史者必大书特书而无容疑也。彼其容貌堂堂，其辞令巧善，机锋锐敏，纵擒自由，使人一见而知为伟人。虽然，彼之血管中，曾有一点英雄之血液否乎？此吾所不敢断言也。彼非如格兰斯顿有道义的高情，彼非如俾斯麦有倔强的男性，彼非如康必达有爱国的热火，彼非如西乡隆盛有推心置腹的至诚。至其经世之识量，亦未有能令我感服而不能已者。”

“彼一生之历史，实中华帝国衰亡史也，如剥笋皮，一日紧一日，与彼同时代之人物，凋落殆尽。彼之一生以前光后暗而终焉。而彼之处此，曾不以扰动其心，或曰：彼殆无脑筋之人也！虽然，天下人能如彼之无脑筋者有几乎？无脑筋之绝技一至此，宁非可叹赏者耶？”

——日本外相陆奥宗光对李鸿章的评价：

“有豪胆，有逸才，有决断力，宁谓彼分怜俐有奇指，妙察事机之利害得失也。此言殆可谓铁案不移。虽然，彼从不畏避责任，是彼之不可及也，此其所以数十年为清廷最要之人，濒死而犹有绝大关系，负中外之望也。或曰：彼自视如无责任，故虽如何重大之责任，皆当之而不辞。然此之一事，则亦技之所以为大也。”

——梁启超在《李鸿章传》一书对李鸿章的评价是：

“李鸿章之治事也，案无留牍，门无留宾，盖其规模一仿曾文正云……李鸿章接人常带傲慢轻侮之色，俯视一切，揶揄弄之，惟事曾文正，如严父，执礼之恭，有不知其然而然者。”

“李鸿章与外国人交涉。尤轻侮之，其意殆视之如一市侩，谓彼辈皆以利来，我亦持筹握算，惟利是视耳。崇拜西人之劣根性，鸿章所无也。”

“李鸿章之治事最精核，每遇一问题，必再三盘诘，毫无假借，不轻然诺，既诺则必践之，实言行一致之人也。”

“世人竟传李鸿章富甲天下，此其事殆不足信，大约数百万金之产业，意中事也，招商局、电报局、开平煤矿、中国通商银行，其股份皆不少。或言南京、上海各地之当铺银号，多属其管业云。”

“李鸿章之在京师也，常居贤良寺。盖曾文正平江南后，初次入都陛见，即僦居于此，后遂以为常云。”

李鸿章创办的轮船招商局外景

“李鸿章生平最遗恨者一事，曰未尝掌文衡。戊戌会试时在京师，谓必得之，卒不获。虽朝殿阅卷大臣，亦未尝一次派及，李颇快快云。以盖代勋名，而恋恋于此物，可见科举之毒入人深矣。”

“然则李鸿章果何等之人物乎？吾欲以两言论断之曰：不学无术，不敢破格，是其所短也，不避劳苦，不畏谤言，是其所长也。呜呼！李鸿章往矣，而天下多难，将更有甚于李鸿章时代者，后之君子，何以待之？”

“夫真英雄恒不假他之势力，而常能自造势力。彼星氏格氏之势力，皆自造者也。若李鸿章则安富尊荣于一政府之下而已。苟其以强国利民为志也，岂有以四十年之勋臣耆宿，而不能结民望以战胜旧党者？惜哉！李鸿章之学识不能为星亨，其热诚不能为格里士比，所凭藉者十倍于彼等，而所成就乃远出彼等下也。质而言之，则李鸿章实一无学识无热诚之人也。虽然，以中国之大，其人之有学识有热诚能愈于李鸿章者几何？十九世纪列国皆有英雄，而我国独无一英雄，则吾辈亦安得不指鹿为马，聊自解嘲，翘李鸿章以示于世界曰：此我国之英雄也。呜呼！亦适成为我国之英雄而已矣，亦适成为我国十九世纪以前之英雄而已矣。”

“要而论之，李鸿章有才气而无学识之人也，有阅历而无血性之人也。彼非无鞠躬尽瘁死而后已之心，后彼弥缝偷安以待死者也。彼于未死之前，当责任而不辞，然未尝有立百年大计以遗后人之志。谚所谓做一日和尚撞一日钟。中国朝野上下之人心，莫不皆然，而李亦其代表人也。虽然，今日举朝二品以上之大员，五十岁以上之达官，无一人能及彼者，此则吾所敢断言也。嗟乎：李鸿章之败绩，既已屡见不一见矣。后此内忧外患之风潮，将有甚于李鸿章时代数倍者，乃今也欲求一如李鸿章其人者，亦渺不可复睹焉。念中国之前途，不禁毛发栗起，而未知其所终极也。”

“若夫吾人积愤于国耻，痛恨于和议，而以怨毒集于李之一身，其事固非无因，然苟易地以思，当夫乙未（1895）二三月、庚子（1900）八九月之交，使以论者处李鸿章之地位，则其所措置果能有以优胜于李乎！以此为罪，毋亦旁观笑骂派之徒快其舌而已。”

——张之洞评价李鸿章：

“朝廷内外对西方军事、内政和外交诸事，稍知之者，唯一合肥（李鸿章）。国家不用之而谁用乎？”

——孙中山上书李鸿章时，这样评述李鸿章：

“我中堂佐治以来，无利不兴，无弊不革，艰难险阻，尤所不辞。如筹海军、铁路之难，尚毅然而成立，况于农桑之大政，为民生命脉之所关，且无行之难，又有行之人，岂尚有不为者乎？”

——著名的美籍华裔近代史学家唐德刚（安徽合肥人，李鸿章同乡）在《晚清三十年》等著作中评价李鸿章：

“内悦昏君，外御列强。”“是自有近代外交以来，乃是中国出了‘两个半’外交家的其中一个（另外周恩来是一个，顾维钧是半个）。”

——李鸿章对自己作出以下的总结：

“予少年科第，壮年戎马，中年封疆，晚年洋务。一路扶摇，遭遇不为不幸。自问亦未有何等陨越。乃无端发生中日交涉，至一生事业，扫地无余，如欧阳公所言，‘半生名节，被后生辈描画都尽。’我办了一辈子的事，练兵也，海军也，都是纸糊的老虎，何尝能实在放手办理，不过勉强涂饰，虚有其表，不揭破，犹可敷衍一时。如一间破屋，由裱糊匠东补西贴，居然成一间净室，虽明知为纸片糊裱，然究竟决不定里面是何等材料。即有小小风雨，打成几个窟窿，随时补葺，亦可支吾对付。乃必欲爽手扯破，又未预备何种修葺材料，何种改造方式，自然真相破露，不可收拾，但裱糊匠又何术能负其责？”

李鸿章部分诗作[1]欣赏

《入都》十首

其一：

丈夫只手把吴钩，意气高于百尺楼。一万年来谁著史？三千里外欲封侯。定须捷足随途骥，那有闲情逐野鸥！笑指芦沟桥畔路，有人从此到瀛洲。

"吴钩"：钩，是兵器之形似剑而曲者。春秋时，吴国人善铸钩，故名剑皆冠"吴"。

"百尺楼"：此用三国陈登的典故。许汜尝拜见陈登求田，陈登不与说话语，"自上百尺楼大床卧"，让许汜"卧下床"。刘备点评道："今天下大乱，帝王失所，……而君求田问舍，言无可采，是元龙（陈登字）所讳也"。李鸿章引此典故，意思说自己入都求仕，不为一己。

"闲情逐野鸥"：此用《列子·黄帝》典故，写海上之人与鸥鸟相游乐事。

"到瀛洲"：典出《新唐书·褚亮传》，唐太宗为网罗人才，设置文学馆，命房玄龄等十八名文官为该馆学士。每暇日，帝入馆访以政事，研讨典籍。时人盛慕之，谓入文学馆为"登瀛洲"。

这首诗是李鸿章的名篇，写出了他的自信与豪迈，在当时广为流传。曾国藩见后十分欣赏，并心中暗记下这位少年书生的气概。

其二：

频年伏枥困红尘，悔煞驹光二十春；马足出群休恋栈，燕辞故

---

① 译者按：因原书中所译的李鸿章诗作，很多难以查考其来源，估计很多只是曼尼克斯的"创作"。译者依意翻译成古体，仅供读者做参考，并不能被视作李鸿章的诗歌作品。故在附录中，选取李鸿章几首真正的代表作，以供读者欣赏。

垒更图新。遍交海内知名士，去访京师有道人；即此可求文字益，胡为抑郁老吾身！

这首诗叙入都之目的为“出群”，为图新，为了结交海内知名志士。其三：

回头往事竟成尘，我亦东西南北身。白下沉酣三度梦，青衫沦落十年人。穷通有命何须卜，富贵何时乃济贫。角逐名场今已久，依然一幅旧儒巾。

这首诗追悔往事，虽多不达之慨，然自信自己必定能成就功名。其四云：

局促真如虱处裈，思乘春浪到龙门。许多同辈矜科第，已过华年逐水源。两字功名添热血，半生知遇有殊恩。壮怀枨触闻鸡夜，记取秋风拭泪痕。

“虱处裈”：典出阮籍《大人先生传》语：“夫虱之处于裈中，逃乎深缝，匿乎坏絮，自以为吉宅也。行不敢离缝际，动不敢出裈裆，自以为得绳墨也。”意思一个不要此诗所追逐功名的甘苦，说明入都的目的乃欲过乡试，达龙门耳。

其五云：

桑干河上白云横，惟祝双亲旅舍平。回首昔曾勤课读，负心今尚未成名。六年宦海持清节，千里家书促远行。直待春明花放日，人间乌鸟慰私情。

“白云”：用狄仁杰典故。《旧唐书·狄仁杰传》记录，狄仁杰登太行山,"南望见白云孤飞,谓左右曰:'吾亲所居,在此云下。'瞻望伫立久之,云移乃行。"

此诗颂扬父母教养恩德,自信将不负所望。

其六云:

一枕邯郸梦醒迟,蓬瀛虽远系人思。出山志在登鼇顶,何日身才入凤池?诗酒未除名士习,公卿须趁少年时。碧鸡金马寻常事,总要生来福分宜。

此诗言志,自信冥冥有助,仕途腾达,扶摇青云也。

其七云:

一入都门已到家,征人北上日西斜。槐厅谬附明经选,桂苑犹虚及第花。世路恩仇收短剑,人情冷暖验笼纱。倘无驷马高车日,誓不重回故里车。

"槐厅":典故出沈括《梦溪笔谈》"学士院第三厅……当前有一巨槐,素号槐厅。旧传居此閤者,多至入相。"表明作者想入相拜侯的野心。

"笼纱":用唐代王播的典故。唐王播少孤贫,尝客扬州寺院,随僧食餐。僧人厌之,常于饭后击钟。王播闻钟而往,则饭毕矣。后来,王播以重位出镇扬州,见旧时于寺院壁所题之作,尽为碧纱所笼。

这首诗发誓自己要面对"人情冷暖",博取功名,令人侧目。

其八云:

黄河泰岱势连天,俯瞰中州一点烟。此地尽能开眼界,远行半为好山川。陆机入洛才名振,苏辙来游壮志坚。多谢咿唔穷巷士,残年兀坐守遗篇。

“咿唔”：读书之声。这首诗由入都之途可饱览山河秀色、广开眼界说起，而接以陆机、苏辙自励，自信入都将鲲化而鹏运也。

其九云：

一肩行李又吟囊，检点诗书喜欲狂。帆影波痕淮浦月，马蹄草色蓟门霜。故人共赠纯仁麦，荆妇同持陆贾装。自愧长安居不易，翻教食指累高堂。

“吟囊”：用唐李贺典故，李贺外出都要背负一个诗囊，有好句子随手写下，投入囊中。

“纯仁麦”：用宋范纯仁典故。范受父亲范仲淹之命，自苏州以舟运麦入丹阳，遇故人石曼卿缝亲之丧，扶柩返乡，途无资财，遂全船送之。

“陆贾装”：用汉代陆贾典故。陆贾病免家居，卖出使越所得橐中装的千金以分给儿子们，以为子孙生计。

此诗言打点行装，亲朋相送，自言惭愧入都的生计都需父母扶持。

其十云：

骊歌缓缓度离筵，正与亲朋话别天。此去但教磨铁砚，再来唯望撤金莲。即今馆阁需才日，是我文章报国年。揽鬓苍苍犹未改，不应身世久迍邅。

“骊歌”：告别之歌。《诗经》有逸诗《骊驹》篇，为告别所赋，因以为典。

“磨铁砚”：用五代桑维翰的典故。考官厌恶“桑”、“丧”同音，劝桑不予进士。桑乃以所铸铁砚示人，谓“砚弊则改而它仕”。卒以进士及第。

“撤金莲”：用唐代令狐绹、宋苏轼的典故。据记载，绹、轼都曾夜对宫中，两朝的皇帝，都曾将御前的金莲烛送其各自归家。

这首诗重申了组诗的主题，自信将以文章报国。

二十自述

丈夫事业最当时，一误流光悔后迟。壮志不消三尺剑，奇才欲试万言诗。闻鸡不觉身先舞，对镜方知颊有髭。日儿童今弱冠，浮生碌碌竟何为？

这首诗是李鸿章二十岁时，为了鼓励自己的意志而写。他提醒自己要事业当时，努力进取，闻鸡起舞，一生不要碌碌无为。

明光村镇旅店题壁

巢湖看尽又洪湖，乐土东南此一隅。我是无家失群雁，谁能有屋稳栖乌。袖携淮海新诗卷，归访烟波旧钓徒。遍地槁苗待霖雨，闲云欲去又踟蹰。

这首诗，是李鸿章四十岁时所写的。当时，李鸿章受皇帝之命，回老家合肥，与同乡高官吕贤基一起办团练，抵御太平军。然而团练事务颇不顺利，吕贤基战败投水自杀，李鸿章取得小胜后，为太平军所忌恨。不久，他老家为太平军攻破，他们烧毁了他的老屋。李鸿章无家可归，只得带着家小逃亡，经过明光村旅店题诗哀叹。诗写完后，他就投奔到老师曾国藩的湘军大营中，从而开始了人生的新局面。

绝笔诗

劳劳车马未离鞍，临事方知一死难。三百年来伤国乱，八千里外吊民残。秋风宝剑孤臣泪，落日旌旗大将坛。海外尘氛犹未息，诸君莫作等闲看。

这首诗是李鸿章的最为著名的绝笔诗。诗中，他哀叹一生劳碌都作乌有，鼓励后来人努力进取。

其时，八国联军已经攻陷北京，两宫西逃至西安。李鸿章拖着老病的身躯，从两广总督的任上急促回京，与十一国代表谈判赔款事宜，最终他签订了人生最后一个耻辱的条约《辛丑条约》。条约规定中国赔偿四亿五千两白银，即中国人人均一两。李鸿章接受了这个耻辱，但又气又恼，导致胃出血，吐血不止。他自感来日无多，便在病榻上吟出了这首诗，命人记下。几天后，李鸿章带着无尽遗憾，撒手而去。

亲历中国·第一辑

陶　林　统　筹

慈禧统治下的中国

【英】约翰·奥特维·布兰德，
艾特豪德·拜克豪斯　著

一个拥有至高皇权的女人，
有着怎样不为人知的面孔?

李鸿章回忆录

【美】曼尼克斯　著

畅销近一个世纪的传记经典，
史上极富争议的李鸿章传奇

李提摩太在华回忆录

【英】李提摩太　著

从精神救赎到肉体救赎，再到精神救赎
一个英国传教士的晚清轨迹

我在慈禧身边的两年

德龄公主　著

一个接受西方文化熏陶的王朝公主
如何看待末代清廷的深宫内帷?

美国女画师的清宫回忆

【美】凯瑟琳·卡尔　著

一位美国女画师眼中的西太后

中国人的性格

【美】明恩溥　著

鲁迅生前多次推荐，
引爆民族劣根性百年大讨论